La Bible et son Message

Cours de Base de l'École de Leadership

Église du Nazaréen
Région Mésoamérique

Silvia Fernandez

La Bible et son Message
Livre de la série "École de Leadership".
Cours de Base

Autrice: Silvia Fernandez

Éditeur d'espagnol: Dr. Mónica E. Mastronardi de Fernández
Éditeur de français: Rev. Monte Cyr
Traducteur: Jeudi Dezama
Formatrice: Bethany Cyr
Reviseur: Enel Jean Joseph

Cette édition est publiée par les Ministères de la Formation de Disciples - Région Mésoamérique Eglise du Nazaréen
Rev. Monte Cyr
www.MedfdiRessources.MesoamericaRegion.org
discipleship@mesoamericaregion.org

Copyright © 2022 - Tous droits réservés
ISBN: 978-1-63580-306-8

L'autorisation est accordée pour copier ou / et photocopier les leçons. Ces droits ne sont autorisés que pour l'utilisation dans les églises locales et non à des fins commerciales.

Toutes les citations sont tirées de la nouvelle version Louis Segond 1910 par la Société biblique internationale, sauf indication contraire.

Conception: Juan Manuel Fernandez Design (jmfdesign@gmail.com)

Image de couverture par: Yaniv Golan

Utilisé avec permission Creative Commons.

Impression Digitale

MEDFDI
Région Mésoamérique

Index des Leçons

Leçon 1	Le Canon Biblique	11
Leçon 2	Le Pentateuque	21
Leçon 3	Les Livres Historiques et Poétique	29
Leçon 4	Les Prophètes	37
Leçon 5	Introduction au Nouveau Testament	45
Leçon 6	Les Évangiles et Les Actes	53
Leçon 7	Les Épîtres de Paul	61
Leçon 8	Les Épîtres Générales et Apocalypse	69

Présentation

La collection de livres **d'École de Leadership** a été conçue dans le but de fournir un outil à l'église pour l'éducation, la formation et l'entrainement de ses membres afin de les intégrer activement au service chrétien selon les dons et l'appel (vocation) qu'ils ont reçu de leur Seigneur.

Chacun de ces livres fournit du matériel d'étude pour un cours du programme de **l'École de Leadership** offert par les institutions théologiques de la région Mésoamérique de l'Église du Nazaréen. Ce sont: IBN (Cobán, Guatemala); STN (ville de Guatemala); SENAMEX (Ville du Mexique) et SENDAS (San José, Costa Rica); SND (Saint-Domingue, République dominicaine) et SETENAC (La Havane, Cuba). Un bon nombre de dirigeants de ces institutions (recteurs, directeurs, vice-chanceliers et directeurs des études décentralisées) ont participé activement à la conception du programme.

L'École de Leadership a cinq cours de base, communs à tous les ministères, et six cours spécialisés pour chaque ministère, à l'issue desquels l'institution théologique respective accorde à l'étudiant un certificat (ou diplôme) en ministère spécialisé.

L'objectif général de **l'École de Leadership** est: « collaborer avec l'église locale dans le soin des saints pour le travail du ministère cimenter en eux un savoir théologique biblique et les développer dans l'exercice de leurs dons pour le service dans leur congrégation locale et dans la société. » Les objectifs spécifiques de ce programme sont au nombre de trois:

- Développer les dons du ministère de la congrégation locale.
- Multiplier les ministères de service au sein de l'église et la communauté.
- Eveiller la vocation à une pastorale professionnelle diversifiée.

Nous remercions le Dr Mónica Mastronardi de Fernández pour son dévouement en tant que rédactrice général en chef du projet, les coordinateurs régionaux des ministères et l'équipe d'écrivains et designers qui ont collaboré à ce projet. Nous sommes également reconnaissants aux enseignants et éducateurs qui partageront ces matériaux. Eux et elles feront une différence dans la vie de milliers de personnes dans toute la Région Méso-Amérique.

Enfin, nous ne pouvons pas rater de remercier le Dr L. Carlos Sáenz, directeur régional MAR, pour son support permanent dans cette tâche, en raison de sa conviction de la nécessité prioritaire d'une église entièrement équipée.

Nous prions pour la bénédiction de Dieu pour tous les disciples dont la vie et le service chrétien sera enrichi par ces livres.

Dr. Ruben E. Fernandez
Coordonnateur de l'Éducation et du Développement Pastoral
Région de la Méso-Amérique

Qu'est-ce que l'École de Leadership?

L'École de Leadership est un programme d'éducation pour les laïcs dans différentes spécialités ministérielles pour les impliquer dans la mission de l'église locale. Ce programme est administré par les institutions théologiques de l'Église du Nazaréen dans la région Méso-Amérique et transmis à la fois à leur siège et dans les églises locales enregistrées.

À qui s'adresse l'École de Leadership?

Pour tous les membres en pleine communion des Églises du Nazaréen qui, ayant participé aux niveaux B et C du programme de la formation de disciple, ils souhaitent de tout cœur découvrir vos dons et servir Dieu dans son œuvre.

Un Parcours de Grâce

Dans l'Église du Nazaréen, nous croyons que faire des disciples à l'image du Christ dans les nations est le fondement de l'œuvre missionnaire de l'Église et la responsabilité de sa direction (Éphésiens 4: 7-16). Pour cela, au niveau mondial, la mise en œuvre du discipulat progressif est promue sous la devise "Un parcours de grâce" (Jean 14: 6), un style de vie de discipulat. L'école de Leadership fait partie de la section Grâce Sanctifiante, et est conçue pour ceux qui ont a traversé les sections de la grâce prévenante et de la grâce salvatrice du chemin du discipulat.

UN PARCOURS DE GRÂCE

LA GRÂCE PRÉVENANTE	LA GRÂCE SALVATRICE	LA GRÂCE SANCTIFIANTE		
"Je suis le chemin"	*"Je suis la vérité"*	*"Je suis la vie"*		
Dieu prépare le chemin devant nous. Il tend la main et nous fait signe vers lui, nous entraînant dans une relation plus profonde avec lui. Cette grâce précède notre réponse et en même temps permet notre réponse.	Jésus nous sauve du péché et il nous conduit à la vérité … la vérité qui nous libère. Nous recevons le don de la grâce salvatrice en croyant en dieu. Il nous rachète, fait de nous une nouvelle création et nous adopte dans sa famille.	Le saint-esprit nous donne la force de vivre pleinement consacrée à dieu. La grâce sanctifiante commence au moment où nous expérimentons le salut. Mais cela est suivi d'une croissance spirituelle dans la grâce, jusqu'à ce que, dans un moment de pleine consécration et d'abandon complet de notre part, dieu purifie et lave le coeur.		
		Chrétien Mature		
		CROISSANCE EN SAINTETÉ De l'adhésion à l'entière sanctification et engagement au service et au ministère	**DÉVELOPPEMENT MINISTÉRIEL** Découverte de la vocation, développement de dons et des talents. École du Leadership	**ÉDUCATION POUR LA VIE ET LE SERVICE** Croissance intégrale à la ressemblance du Christ
Non Chrétien	*Nouveau Chrétien*		**DÉVELOPPEMENT PROFESSIONNEL** Formations spécialisées dans les institutions théologique	
APPROCHE Évangélisme	**BAPTÊME ET ADHÉSION** Discipulat pour les nouveaux Chrétiens			

Le travail de disciple est continu et dynamique, c'est-à-dire que le disciple ne cesse de grandir à la ressemblance de son Seigneur. Ce processus de développement, lorsqu'il est sain, se produit dans toutes les dimensions: dans la dimension individuelle (croissance spirituelle), dans la dimension de sainteté de vie (transformation progressive de notre être et de notre faire selon le modèle de Jésus qui est le Christ) et en la dimension du service (investir la vie dans le ministère).

Dr. Monica Mastronardi de Fernandez
Rédacteur Général des Livres de l'École de Leadership

Comment utiliser ce livre?

Ce livre que vous tenez est pour le cours d'introduction: Découvrir ma vocation dans le Christ, du programme d'École de Leadership. L'objectif de ce cours est d'aider les membres des églises du Nazaréen de découvrir leurs dons et leur vocation ministérielle, et en même temps les encourager à s'inscrire à l'École de Leadership afin de s'équiper pour servir le Seigneur dans leur église locale.

Comment le contenu de ce livre est-il organisé?

Chacune des huit leçons de ce livre contient les éléments suivants:

> **Les objectifs:** Ce sont les objectifs d'apprentissage que l'élève est censé atteindre en terminant l'étude de la leçon.

> **Les idées principales:** Il s'agit d'un résumé des principaux enseignements de la leçon.

> **Le développement de la leçon:** Il s'agit de la section la plus complète car il s'agit du développement du contenu de la leçon. Ces leçons ont été écrites en pensant que le livre est l'enseignant, de sorte que son contenu est exprimé de manière dynamique, dans un langage simple et connecté avec les idées du monde contemporain.

> **Notes et commentaires:** Les tableaux en marge visent à clarifier les termes et fournir des notes qui complètent ou étendent le contenu de la leçon.

> **Questions:** Parfois, des questions sont incluses dans la marge que l'enseignant peut utiliser pour introduire, appliquer ou renforcer un thème de leçon.

> **Qu'avons-nous appris?:** Dans un encadrement qui apparaît à la fin du développement de la leçon, on a fourni un bref résumé de ce qui a été appris.

> **Activités:** Il s'agit d'une page à la fin de chaque leçon qui contient des activités d'apprentissage individuel ou en groupe lié au sujet étudié. Le temps estimé pour son achèvement en classe est de 20 minutes.

> **Évaluation finale du cours:** Il s'agit d'une feuille insérée dans la dernière page du livre et qui une fois terminée, l'étudiant doit séparer le livre et le remettre au professeur du cours. La durée estimée de cette dernière activité de renforcement est de 15 minutes.

Combien de temps dure le cours?

Ce livre a été conçu pour que le cours puisse être enseigné selon des différentes modalités:

<u>En cours de 8 sessions:</u>

Au total, 12 heures de cours face à face sont nécessaires, réparties en 8 séances de 90 minutes. Les jours et les heures seront coordonnés par chaque institution théologique et chaque église ou centre local d'études. Dans cette heure et demie, l'enseignant doit inclure le temps pour les activités contenues dans le livre.

<u>En atelier de 3 sessions:</u>

- Session plénière de 90 minutes (leçon 1).
- Six ateliers de 90 minutes chacun. Les participants assistent à l'un de ces ateliers selon leurs dons les plus dominants (leçons 2 à 7).
- Dernière séance plénière de 90 minutes (leçon 8).

Exemple de répartition du temps de l'atelier d'un samedi:

Atelier: Découvrir votre vocation dans le Christ

8:00am	Inscription
8:30 à 10:00 am	Plénière: Découvrir vos dons spirituels
10:00 à 10:30 am	Pause
10:30 à 12:00 pm	Ateliers sur les spécialités ministérielles
12:00 à 1:00 pm	Déjeuner.
1:00 à 2:30 pm	Plénière. Quel est mon rôle dans le Corps du Christ?
2:30 à 3:00 pm	Pause
3:00 à 4:00 pm	Présentation de l'École de leadership et préinscription aux cours de base

Quel est le rôle de l'étudiant?

L'étudiant est responsable de:

1. S'inscrire au cours à temps.
2. Acquérir le livre et étudier chaque leçon avant le cours de face à face.
3. Assister aux cours ponctuellement.
4. Participer aux activités de classe.
5. Participer à la pratique du ministère à l'église locale en dehors de la classe.
6. Compléter l'évaluation finale et la remettre à l'enseignant.

Quel est le rôle de l'enseignant du cours?

Les professeurs des cours de l'École de leadership sont des pasteurs et des laïcs engagés dans la mission et le ministère de l'Église et de préférence qui ont l'expérience du ministère qu'ils enseignent. Ils sont invités par le directeur de l'école de leadership de l'église locale (ou de l'institution théologique) et ses fonctions sont:

1. Se préparer à l'avance en étudiant le contenu du livre et en programmant l'utilisation du temps en classe. Pendant que vous étudiez la leçon, vous devriez avoir la Bible et un dictionnaire à portée de main. Même si dans les leçons un vocabulaire simple est utilisé, il est recommandé de "traduire" ce qui est considéré difficile de comprendre pour les élèves, c'est-à-dire de mettre la leçon dans la langue qu'ils et elles comprennent mieux.

2. Assurez-vous que les élèves étudient le contenu du livre et atteignent les objectifs d'apprentissage.

3. Planifier et accompagner les étudiants dans les activités de pratique du ministère. Ces activités doivent être programmées et planifiées avec le pasteur local et le principal du ministère respectif. Pour ces activités, le temps ne doit pas être déduit des cours de face à face.

4. Garder à jour les constances et les notes sur le formulaire de rapport de classe. La moyenne finale sera le résultat de ce que l'étudiant montre dans ces activités suivantes:

    a. Travail en classe

    b. Participation à la pratique ministérielle en dehors de la classe.

    c. Évaluation finale

5. Rassembler les feuilles "Évaluation", les remettre avec le formulaire "Rapport de classe" au moment de finaliser le cours auprès du directeur de l'école de leadership locale, ceci après avoir évalué, fermer les moyennes et vérifier que toutes les données sont complètes dans le formulaire.

6. Les enseignants ne doivent pas ajouter de devoirs d'étude ou de lectures en dehors du contenu du livre. S'ils doivent faire preuve de créativité dans la conception des activités d'apprentissage en classe et dans la planification des activités du ministère en dehors de la classe en fonction de la réalité de son église local et son contexte.

Comment enseigner à une classe?

Il est recommandé d'utiliser les 90 minutes de chaque cours de face à face comme suit:

- **5 minutes:** Faites un lien avec le sujet de la leçon précédente et prier ensemble.

- **30 minutes:** Révision et discussion du développement de la leçon. Il est recommandé d'utiliser un croquis imprimé, un tableau noir ou du papier cartonné ou autre disponible, utiliser la dynamique des aides d'apprentissage et visuelles telles que des graphiques, des dessins, des objets, des images, des questions, demander aux élèves de présenter des parties de la leçon, etc. Non recommandé d'utiliser le discours ou demander à l'enseignant de relire le contenu de la leçon.

- **5 minutes:** Pause en milieu de classe ou quand il est pratique de créer un intervalle.

- **20 minutes:** Travaille sur les activités du livre. Cela peut être fait au début, au milieu ou à la fin de l'examen, ou vous pouvez terminer les activités au fur et à mesure de leur progression dans les sujets et de leur relation avec eux.

- **20 minutes:** Discussion sur la pratique ministérielle qu'ils ont faite et ce qu'ils auront. Au début du cours, les étudiants doivent se voir présenter le programme de la pratique du cours pour eux de prendre des dispositions pour y assister. Dans les classes où parler de la pratique qu'ils ont déjà pratiquée, la conversation doit être dirigée pour que les élèves partagent ce qu'ils ont appris; à la fois de leurs succès et de leurs erreurs, ainsi que les difficultés qui ont surgi.

- **10 minutes:** Prière pour les problèmes découlant de la pratique (défis, personnes, problèmes, objectifs, gratitude pour les résultats, entre autres).

Comment faire l'évaluation finale du cours?

Accordez 15 minutes de temps aux étudiants de la dernière classe du cours. Si cela était nécessaire pour eux et ils peuvent consulter leurs livres et Bibles. Les évaluations finales ont été conçues pour être une activité de renforcement de ce qui a été appris au cours et non une répétition de mémoire du contenu du livre. Ce qui est proposé avec cette évaluation est de mesurer la compréhension et appréciation de l'étudiant envers les sujets abordés, sa croissance spirituelle, son progrès dans l'engagement à la mission de l'église locale et avancement dans l'expérience ministérielle.

Des activités de la pratique ministérielle

Les activités suivantes sont suggérées pour la pratique du ministère en dehors des cours. Dans la liste ci-dessous, plusieurs idées sont incluses pour aider les leaders, les pasteurs, le directeur local de l'école de leadership et directeurs locaux du ministère. Parmi ceux-ci, vous pouvez choisir ceux qui conviennent le mieux à la réalité contextuelle et le ministère de l'église locale ou ils peuvent être remplacés par des autres selon les besoins et possibilités.

Il est recommandé d'avoir au moins trois activités ministérielles par cours. Vous pouvez mettre toute la classe à travailler sur le même projet ou assigner des tâches en groupes selon leurs intérêts, dons et capacités. Il est conseillé d'impliquer les étudiants dans une variété d'expériences de ministère qui sont nouvelles pour eux.

Des activités ministérielles suggérées pour "La Bible et son Message"

1. Intégrer les élèves dans un comité de travail pour organiser un culte spécial ou une activité de célébration du mois de la Bible (Septembre).

2. Répartir les étudiants en cellules, groupes de discipulat et/ou classes d'école du dimanche, services de la jeunesse, entre autres, pour donner un cours sur la formation du canon biblique ou un autre sujet étudié dans le cours.

3. Organiser une journée de distribution de Bibles ou Nouveau Testament dans les écoles, hôpitaux ou des autres établissements communautaires. Rechercher la collaboration de différentes organisations telles que des sociétés Bibliques ou les Gédéons Internationales.

4. Organiser une foire de maquettes construites par les élèves de la classe où l'histoire biblique. Par exemple: la route d'Abraham vers Canaan ; la route d'Israël d'Egypte à Canaan; le Tabernacle, l'arche, le Temple de Jérusalem, les voyages de Paul, les voyages de Jésus qui est le Christ, entre autres.

5. Que les élèves organisent une clôture biblique basée sur un petit livre de la Bible ou sur quelques chapitres d'un livre, pour les enfants, les adolescents ou les jeunes.

6. Obtenir ou créer des images avec des agréments d'histoires bibliques pour décorer les salles de classe de l'école du Dimanche.

7. Préparer des mises en scène ou du théâtre avec des marionnettes sur des histoires bibliques pour quelque culte d'adoration ou une école du Dimanche.

8. Que les élèves organisent un concours pour les enfants ou les jeunes pour mémoriser les noms des 66 livres de la Bible dans l'ordre où ils apparaissent.

9. Organiser une conférence sur La Bible et l'avortement, ou Jésus le Christ et la femme, ou un autre sujet d'intérêt, inviter des gens de la communauté. Ils peuvent inviter un professeur du séminaire ou quelqu'un d'autre préparé sur le sujet. Il serait bon de profiter de l'occasion pour démarrer des groupes d'étude biblique avec les intéressés.

Leçon 1

LE CANON BIBLIQUE

Les Objectifs

- Savoir comment la Bible a été confectionnée.
- Valoriser le canon biblique.
- Comprendre en quoi consiste l'inspiration des Écritures.

Les Idées Principales

- Canon signifie: tige à mesurer, règle, norme ou mesure et fait référence à la méthode utilisée pour sélectionner les livres de la Bible.
- Moyens canoniques: tout le contenu des Écritures ou des livres qui composent la Bible.

Introduction

Le mot canon dérive du grec "kanon" et probablement de l'hébreu "Kane", qui signifie "quelque chose à mesurer" ou une "règle, norme ou mesure" qui détermine les livres qui ont été inspirés par le Saint-Esprit.

En langage biblique, "canonique" signifie tout le contenu des Saintes Écritures; c'est-à-dire la collection de livres qui composent la Bible et qui ont été officiellement reconnus par l'Église, comme des livres "inspirés" par le Saint Esprit.

Formation du canon de l'Ancien Testament

Canon: "Mot utilisé de manière restrictive pour indiquer des livres ou les écritures qui sont acceptées comme inspirées par Dieu" (Nouveau Dictionnaire biblique Unilite, 1992). A l'acte de déclarer un livre à l'intérieur du canon biblique il est appelé canonisation.

La collection des livres de l'Ancien Testament a été élaborée par les juifs.

La sélection des livres aujourd'hui qui composent l'Ancien Testament a été un processus long et complexe mené par le peuple d'Israël. La collection élaborée par les Juifs et la Bible des Chrétiens, différent en ce que certains livres semblent unifiés (deux ou plus). C'est pourquoi la Bible hébreu compte 24 livres et l'Ancien Testament chrétien 39.

Les livres qui composent l'Ancien Testament ont été choisis selon les exigences suivantes:

Langue: Le livre devait avoir été écrit en hébreu.

Âge: Chaque livre écrit après 400 avant le Christ fut rejeté, car les Juifs considéraient qu'après cette date le temps des prophètes inspirés de Jéhovah est révolu.

La Bible a été écrite dans un période de 1 400 ans et par plus de 40 auteurs, des temps et des lieux différents. Parmi eux se trouvent des prophètes, éleveurs, pêcheurs, rois, poètes, musiciens, médecins, ministres de gouvernement, entre autres.

Doctrine: Ses enseignements ne pouvaient être en contradiction avec les livres de la Loi de Moïse (le Pentateuque ou les cinq premiers livres de la Bible).

La personne qui a écrit doit être reconnue comme une autorité de spiritualité chez le peuple juif.

L'acceptation généralisée du livre et son utilisation par le peuple d'Israël.

Les dates de la canonisation étaient deux. Le premier de l'année 400 a.C., où probablement Esdras et des autres, ont ordonné et formé la collection de 39 livres de l'Ancien Testament. La seconde était dans le Conseil juif de Jamnia, (une ville située à 12 miles au sud de Juda), entre l'an 70 et l'an 90 après JC, où il est devenu officiel bien avant il avait été accepté.

Dans les deux cas, les livres écrits après 400 avant JC ont été rejetés, et celles dans lesquelles l'auteur avait utilisé un pseudonyme ou le nom d'une autre personne s'identifie avec les (livres pseudépigraphiques), car ils ne pouvaient vérifier qui était l'auteur.

Les livres apocryphes

Le mot apocryphe signifie quelque chose qui est caché ou recélé. Son sens le plus large est, de valeur incertaine ou d'inspiration douteuse. Dans notre langue française, le mot apocryphe signifie "quelque chose de suspect être faux". En tout cas, ce terme indique que les livres n'ont aucune base à être considérée comme inspirés par le Saint-Esprit.

Certains de ces livres ont été inclus dans la Bible acceptée par l'Église catholique romaine, mais ce n'est pas par les Églises protestantes, telles que:

Tobias, Judith, Baruch, L'histoire de Suzanne, La prière de Manassé, 1 et 2 de Maccabées, entre autres. Ces livres n'ont pas été acceptés parce qu'ils enseignaient en faveur du suicide, des prières pour les morts, de l'utilisation des mauvais moyens pour de bonnes fins, de superstition et de la magie.

L'Église catholique romaine a défini un autre canon plus long au 16ème siècle, au concile de Trente (ville du nord de l'Italie actuelle) réuni à contre le mouvement de la Réforme protestante.

Manuscrits de l'Ancien Testament

Le mot manuscrit vient du latin manus et scriptus et signifie écrit à la main et fait également référence à un livre ou à un papier manuscrit. Les écrivains bibliques ont écrit de cette manière sur différents matériaux qui étaient utilisés dans les temps anciens. A l'heure actuelle non manuscrite originale de l'auteur, mais des copies de celui-ci. Selon son matériel, les manuscrits ont été classés en:

- Le rouleau ou parchemin hébreu: Utilisé depuis l'époque des patriarches jusqu'à l'époque de Jésus qui est le Christ, il était fait de chèvre de mouton ou veau cousu et roulé en bâtonnets. Il était d'usage de garder ces livres roulés. Un rouleau était une longue bande de papyrus ou peau, qui était renforcée aux extrémités par deux tiges qui servaient à rouler.

- The Greek Codex: Utilisé du IVe au XVIe siècle après JC. C. Le codex consistait en feuilles reliées et cousues pour former quelque chose de semblable à un livre. Les premiers codex sont apparus vers le IIe siècle, mais c'est jusqu'en quatrième siècle où ils ont été utilisés le plus fréquemment. Il a été utilisé par exemple, le "papyrus", qui était un papier fabriqué avec les fibres d'une plante aquatique cultivée dans l'Egypte ancienne. Les rouleaux ou les bandes de ce papier mesurait environ 36 cm de long et 25 cm de large.

Leçon 1 - Le Canon Biblique

Les copistes (scribes) des écrits sacrés, étaient les responsables de transcrire les livres et ils l'ont fait avec beaucoup de prudence, en suivant des règles fixes et faisant preuve d'un grand respect par la Parole de Dieu. Les plus anciens manuscrits de la langue hébraïque qui est préservée est ce qu'on appelle les "parchemins de la mer morte", a trouvé dans les grottes de Qumran, dans le désert de Judée au cours de l'année 1947. Les rouleaux trouvés contiennent le livre d'Isaïe et des fragments des autres livres de l'Ancien Testament.

*La **Septante** ou Bible des soixante-dix, est une traduction de la Bible de l'hébreu à la langue grecque. C'est la version qui existait à l'époque de Jésus le Christ et qui est citée dans quelques nouveaux livres du Nouveau Testament.*

__Johannes Gutenberg__ était le premier à reproduire la Bible imprimée en 1455. Il y avait 165 exemplaires en latin.

Au 1er siècle, ils vécurent les apôtres ainsi les paroles et actions de Jésus qui est le Christ ont été transmis sous la forme orale. La création du chanoine du Nouveau Testament est rendue nécessaire lorsque ces témoins oculaires étaient en train de mourir.

Les versions de l'Ancien Testament

La Bible des soixante-dix-également connue sous le nom de Septante, est une traduction de la Bible hébraïque en langue grecque. Selon la tradition juive, par ordre du roi Ptolémée Philadelphe (284-246 av. J.-C.) l'Ancien Testament a été traduit par 72 sages à Alexandrie (ville du delta du Nil), pour la célèbre Bibliothèque de cette ville. C'est la version qui existait dans le temps de Jésus qui est le Christ et qui est cité dans certains livres du Nouveau Testament.

Formation du canon du Nouveau Testament

Le canon du Nouveau Testament a pris fin au IV siècle.

Pendant de nombreuses années, l'Église chrétienne primitive a utilisé l'Ancien Testament comme ta Bible. Tant que vécurent les apôtres du Seigneur (1er siècle après JC), il n'y eut pas de fin pour un canon officiel. Bien que durant toute sa vie et sous la supervision d'eux, ils ont commencé à former des recueils d'écrits que les églises pouvaient porter. Ces livres ou lettres ont été placés à côté de l'Ancien Testament, et ils étaient aussi considérés comme la Parole inspirée de Dieu (2 Pierre 1:15; 3:1, 2, 15, 16).

Mais au fil du temps, l'Église a été confrontée à certains problèmes qui incitent à accélérer la formation du canon du Nouveau Testament:

1. La diffusion de nombreux livres apocryphes, qui ont été rejetés par l'Église à cause des doctrines erronées qu'ils contenaient.

2. L'hérésie de Marcion, qui suivait son propre canon. Il a rejeté l'Ancien et le Nouveau Testament tout entier et n'admettaient que l'Evangile de Luc et dix épîtres de Paul. Son enseignement était basé principalement dans le gnosticisme, un mélange de différents éléments culturels ou religieux de différentes régions: Grèce, Perse, Egypte, Syrie, Asie Mineure et autres.

3. L'hérésie de Montano (Montanisme), qui a ajouté de nouveaux livres au canon de l'Église et a enseigné de nouvelles révélations, selon eux, reçues du Saint Esprit.

Marcion (128-374): Chrétien d'Asie Mineure qui a été influencé par la doctrine gnostique enseignée par des doctrines déformées, affirmant que le Dieu d'amour du Nouveau Testament était différent au Dieu cruel et vengeur révélé dans l'Ancien Testament. Ils ont rejeté que Jésus qui est le Christ était l'accomplissement des prophéties de l'Ancien Testament. Ils ont enseigné que la matière et le corps sont mauvais et c'est pourquoi ils pratiquaient rigoureusement des disciplines et des privations. Ils ont nié que le Christ avait un corps de chair et l'os.

Les livres apocryphes

Au IIe siècle et plus tard, certains livres n'avaient rien à voir aux œuvres des apôtres ont commencé à circuler. Ceux-ci sont apparus pour deux raisons. D'abord, par le désir des premiers chrétiens d'avoir plus d'informations ou plus de détails sur la vie et le ministère de Jésus et des disciples. Deuxièmement, à cause du désir de certains d'introduire différents enseignements (hérésies) et ils ont trompé le peuple en disant qu'ils venaient des apôtres.

Beaucoup de ces livres apocryphes contiennent des récits d'événements spectaculaire et fantaisiste, fruit de l'imagination. Par exemple quelques-uns affirment que Jésus n'avait pas de corps de chair et de sang, mais était une apparition, un esprit (comme un fantôme). Des autres lui ont donné une place de plus grande importance pour Marie, mère de Jésus, que pour Jésus lui-même; des autres ont enseigné que vous deviez rester célibataire, etc.

Dans ce tableau suivant, nous pouvons trouver certains des livres apocryphes qui circulaient à l'époque de l'Église primitive:

Genre	Écritures Apocryphes
Évangiles	Hébreux, Thomas, des douze patriarches et Jacques
Actes	De Paul et Tecla, de saint Pierre et De Thomas et Jean.
Apocalypse	De Saint Pierre
Épîtres	Des Actes
Autres	L'Ascension d'Isaïe

Des facteurs dans la sélection

Entre la fin du Ier siècle et la fin du IIe siècle, la sélection et catalogue de livres du Nouveau Testament. Tôt du IIe siècle, il y avait des chefs chrétiens connus sous le nom de "Pères apostoliques", qui ont connu les apôtres dans la vie, tels que Polycarpe, Justin Martyr, Papias et Clément de Rome.

Ces dirigeants ont écrit des lettres et des traités doctrinaux tels que Le Berger de Hermès, L'épître de Barnabé et la Didache. Dans ces livres, ils mentionnent et utiliser diverses citations de documents qui étaient en possession des églises et qui avait été écrit par les apôtres et leur témoignage était une source fiable pour déterminer les livres qui étaient des œuvres originales des apôtres et inspirées par Dieu.

Les livres qui ont finalement été acceptés dans le canon du Nouveau Testament devaient répondre à ces exigences:

1. **Son origine apostolique**, c'est-à-dire écrite par l'un des 11 disciples ou par Paul. Ceux-ci avaient reçu la responsabilité et l'autorité de diriger l'Église directement à partir du Seigneur. Tout ce qui vient de ces gens-là, étaient acceptés comme l'enseignement du Christ lui-même.

2. **Acceptation par les églises primitives**. Paul s'est toujours soucié de que ses lettres étaient acceptées comme authentiques, il les a donc signées de sa propre main et les envoya avec des gens de confiance qui les églises connaissaient (2 Thessaloniciens 3:17). Les Pères Apostoliques l'a souligné, en vérifiant que les livres auraient dû être reçus et acceptés par les premières églises comme venant d'un apôtre connu.

---

*Le **montanisme** était un mouvement fondé par Montano entre l'an 160 et 170, lui qui se disait prophète réformateur. Il affirmait avoir des révélations directes du Saint Esprit reçu dans les États d'extase. Il a annoncé la fin du monde de manière imminente et a encouragé les chrétiens de se rencontrer dans un certain endroit pour attendre la descente de la Jérusalem céleste. Ils ont pratiqué rigoureusement des disciplines telles que les jeûnes, privation de plaisirs, etc.*

__Clément de Rome:__ Il était évêque de Rome au cours des années 91 à 100 après JC Partenaire de Paul, Pierre et peut-être il a également rencontré Jean. On dit qu'il a souffert du martyre dans la troisième année de l'empereur Trajan en l'an 98 à 117.

__Ignace d'Antioche:__ Il est l'un des pères de l'église qui a vécu pendant le temps des apôtres. Il était évêque de la ville d'Antioche de Syrie. Il a été décédé au début du 2ème siècle.

3. **Uniformité doctrinale.** Les livres devaient être conformes aux enseignements de l'Ancien Testament et des apôtres.

Le canon du Nouveau Testament a été achevé au temps d'Augustin, avec les conciles d'Hippone (393) et de Carthage (397 et 419). En eux se trouvent terminé le canon avec 27 livres, vérifié plus tard par le Conseil de Trullo (Constantinople, 692) et le concile florentin (1441).

Manuscrits du Nouveau Testament

1. **Le Codex du Vatican.** Certains chercheurs pensent que ce manuscrit c'était l'un des cinquante exemplaires de la Bible commandés par l'empereur Constantin en Égypte, et fabriqué à Alexandrie ou à Césarée. C'était écrit au IVe siècle et a été trouvé à la bibliothèque du Vatican en 1481, où il est encore.

2. **Le Codex Sinaïtique.** Un manuscrit grec du IVe siècle qui a été découvert en 1848 presque par hasard par un jeune Allemand nommé Tischendorf, dans le monastère de Sainte Catherine du Sinaï. Ce codex contient tout le Nouveau Testament.

3. **Le Codex Bèze.** Nommé pour son découvreur Théodore de Bèze (Teodoro de Beza) Ce manuscrit a été conservé au couvent de Saint Irénée de Lyon, France depuis plus de mille ans. Bèze, successeur du réformateur Jean Calvin a tiré cet important manuscrit du couvent et l'a offert à l'Université de Cambridge en 1581.

Les versions du Nouveau Testament

Avoir le Nouveau Testament quand il n'y avait pas d'imprimerie était une grande bénédiction, mais le problème était qu'il était entièrement écrit en grec, donc les chrétiens d'autres langues ne pouvaient pas le lire. Alors ils ont commencé à se poser des traductions dans différentes langues. On avait considéré deux traductions importantes qui étaient:

1. **Le syriaque.** Depuis la Syrie, l'Evangile fut porté en Mésopotamie, y compris des endroits comme Damas, Alep et Edesse, donc dans l'année 150 a commencé l'effort de traduire le Nouveau Testament dans cette langue si semblable à l'hébreu et à l'araméen.

2. **La Vulgate latine.** Bien que dans l'église occidentale il ait prévalu le grec, le latin commencèrent à prédominer vers l'an 200. L'Afrique à partir du Nord, l'Italie, le Sud de la Gaule puis l'Espagne, avaient besoin d'une traduction du Nouveau Testament en latin. Damas, évêque de Rome a mandaté Jérôme (entre 390 et 405), il a traduit la Bible en latin, qui a finalement produit la Vulgate latine, qui officialiserait le Concile de Trente, qui a eu lieu entre 1545 et 1563.

Les conseils avaient un rôle très important, déjà qu'ils étaient en train d'aborder des questions relatives à la toute l'Eglise. Dans ces réunions ou assemblées, les évêques discutèrent et prirent des décisions concernant la doctrine et la discipline.

Augustin d'Hippone ou Saint Augustin (354-430): théologien et l'un des Pères de l'Église Latine. Il présidait divers conseils entre 393 et 419 où la sélection de livres de canon du N.T.

Une **version biblique** est une traduction de mots par mot d'elle dans une autre langue, bien qu'il exige toujours que le texte est ordonné de telle sorte qu'avoir du sens dans la langue du lecteur.
Paraphrase, est une traduction de la bible qui n'essaye pas de traduire mot à mot, mais ça agrandit le texte essayant d'exprimer ce que voulait dire l'auteur original, dans un style plus contemporain et conversationnel, comme si l'auteur parlait.

Combien de Bibles qui se sont vendues annuellement?
Dès sa première impression, la Bible a toujours été le livre plus vendu. En 2008, on a distribué 578 millions de Bibles à travers le monde.

Les Traductions Françaises de la Bible

Le premier Nouveau Testament Français imprimé a été fait en 1523.

Les traductions de la Bible dans la langue Française avaient été remontées à l'époque Médiévale. Après un bon nombre de traductions de la Bible en français au Moyen Âge, la première interprétation estampée de la Bible en français est l'œuvre du théologien français Jacques Lefèvre d'Étaples. En 1523, le Nouveau Testament est diffusé en vers (en vers) et en 1528, la Bible Française complète. L'Ancien Testament a été une interprétation en français basée sur la translation latine de la Vulgate, tandis que le Nouveau Testament a été basé sur les meilleurs manuscrits grecs disponibles. Lefèvre était un enseignant à l'Université de Paris.

La Bible Olivetan a été diffusée pour la première fois au cours de l'année 1535 par Pierre Robert Olivetan qui était originaire de la ville de Noyon en Picardie, et qui était éventuellement un cousin de Jean Calvin. Il était fondé sur une révision de la Bible Lefèvre, en faisant référence aux meilleurs écrits hébreux et grecs disponibles à cette époque-là. Il a été publié pour la première fois à Neuchâtel en Suisse.

Une correction a été publiée de la part de Jean Calvin au cours de l'année 1540 à Genève, et de nombreuses révisions ultérieures y ont été transportées. L'édition de la Bible de l'année 1553, estampillée par Robert Etienne (1503-1559), était la première édition de la Bible à être publiée avec les divisions en chapitres et versets que nous éprouvons encore aujourd'hui. Cela a été révisée et republiée par le successeur de Calvin à Genève, Théodore Beza, en 1588, et cela est devenue la base de la Bible de Genève.

La Bible Olivetan a été reprisée par David Martin, originaire du Languedoc, entre 1696 et 1707.

Au cours de l'année 1881, la Société biblique de France publia l'édition Frossard de la Bible d'Ostervald. Le pasteur Charles Frossard a terminé sa révision du Nouveau Testament d'Ostervald en 1869 et de toute la Bible en 1872.

De Nombreux Protestants Francophones utilisent la version Louis Segond. Louis Segond était pasteur de l'Église nationale genevoise et professeur de l'Ancien Testament à Genève. Il a publié une toute nouvelle version biblique française. L'Ancien Testament a été publié pour la première fois en 1874 et le Nouveau Testament en 1880. La principale révision majeure de la version Louis Segond a été publiée en 1910.

Celle-là a été considérablement révisée entre 1975 et 1978. La Bible révisée de Louis Segond a été diffusée par American Bible Society. En 2007, la Société biblique de Genève a publié une édition mise à jour du texte Segond appelée Segond 21. Il est retracé par ses sponsors comme "L'original, avec les mots d'aujourd'hui".

Conservation et transmission de la Bible

Jusqu'à 2000 ans avant J.C.
- Histoires uniques transmises oralement des parents à enfants.
- Ces histoires sont écrites.
- Depuis l'époque d'Abraham, 2000 avant JC il y avait déjà des écoles pour apprendre à lire et écrire sur des tablettes d'argile (Hébreux 9:19).

Depuis 2000 av. 100 après J.C.
- Plus d'écritures sont composées étendues en hébreu que plus tard former un livre, basé sur des histoires orales.
- De nouveaux livres sont composés en hébreu et en araméen (langue apprise à Babylone et qui parlait à l'époque de Jésus, le Christ). Ils commencent à utiliser le papyrus et des rouleaux.
- Dans l'an 400 À. C., Esdras et des autres, ordonnés et formés la collection de 39 livres de l'Ancien Testament.
- Le conseil juif de Jamnia, entre 70 à 90 après JC, a officialisé les 39 livres du Canon de l'A.T.
- Ils commencent à faire des copies des livres Hébreux et Grec.

De 150 à 1900 après J.C.
- Le Canon est fermé du Nouveau Testament à 27 livres en 419 après JC
- Invention de l'imprimerie, utiliser du papier, chaque copie est Identique à l'original.
- Traductions dans des autres langues, copies de traductions à main.

De 1900 à 2010 après J.C.
- Il s'agit de trouver et de protéger les copies les plus anciennes.
- Des nouvelles traductions dans des langues différentes.

Leçon 1 - Le Canon Biblique

Une version de la Bible en français par John Nelson Darby (1800-1882) a été publiée vers 1885. Elle est parfois dénommée la Bible de Pau, et c'était une adaptation de ses versions anglaises de la Bible faites par des collègues qui parlent le Français.

Une autre version biblique française moderne est la Bible du Semeur (Bible du semeur), achevée en 1999. C'est une interprétation plus prudente que celle de Segond, et elle utilise une langue plus actuelle. Elle est publiée par Biblica (autrefois la Société Biblique Internationale). Une autre Bible traduite de manière similaire et utilisée par les lecteurs français est la Bible en langue française courante, publiée au cours de l'année 1987 par l'Alliance Biblique Universelle.

https://en.wikipedia.org/wiki/Bible_translations_into_French

http://www.normandyvision.org/article18020601.php

Qu'avons-nous Appris?

La collection des 66 livres qui composent nos Bibles est le résultat du travail acharné et sacrificiel des Juifs et des chrétiens fidèles à travers l'histoire, qui, guidés par le Saint-Esprit nous a permis d'avoir la Parole de Dieu dans notre propre langue aujourd'hui.

Des Activités

INSTRUCTIONS:

1. Que signifie le mot Canon ?
   _____
   _____
   _____

2. Énumérez les facteurs qui ont été pris en compte pour le choix des livres du Canon de l'Ancien et Nouveau Testament.
   _____
   _____
   _____
   _____
   _____
   _____
   _____

3. Dans vos propres mots, expliquez ce qu'on entend par livres apocryphes .
   _____
   _____
   _____
   _____
   _____
   _____
   _____

4. En groupes de deux ou trois personnes, écrivez deux raisons pour lesquelles vous considérez le travail réalisé comme important dans l'histoire de l'Église pour la formation du Canon.
   _____
   _____
   _____
   _____
   _____
   _____

Notes

Leçon 2

LE PENTATEUQUE

Les Objectifs

- Connaître les aspects géographiques de la Palestine.
- Comprendre le message principal des livres du Pentateuque.
- Évaluer l'histoire de la constitution de la ville d'Israël.

Les Idées Principales

- Le Pentateuque est composé des livres de la Genèse, de l'Exode, Lévitique, Nombres et Deutéronome.
- Le Pentateuque raconte l'histoire de l'œuvre de Dieu à partir de la création à la formation d'une nation sainte choisie comme une lumière pour les nations.

Loi de Moïse: Se réfère aux cinq premiers livres de la Bible, Pentateuque ou la Torah pour les Juifs. Ceux-ci relatent les débuts de l'humanité et du peuple d'Israël, ainsi que les lois et règlements donnés par Dieu à Moïse dans le Mont Sinaï.

Introduction

Pentateuque signifie "livre en cinq volumes". Dans notre Bible, ils sont cinq premiers livres de l'Ancien Testament. Les Juifs les appelaient "La loi de Moïse". Le Pentateuque raconte l'histoire de la création et de la formation du peuple de Dieu.

Bien que l'auteur ne mentionne pas son auteur dans les livres, d'autres livres de l'Ancien Testament affirment que c'était Moïse (Josué 1:7-8 et 23:6; Néhémie 8:1; 2 Rois 14:6). De plus, il lui est attribué certaines sections spécifiques de ladite livres, tels que Exode 17:14 et Deutéronome 31:24-26.

Le témoignage de Jésus dans les évangiles le confirme également (Jean 5:46; Matthieu 19:8 et Luc 16:31), ainsi que des autres livres du Nouveau Testament qui attribuent à Moïse la paternité du Pentateuque, se référant à ces livres comme la loi de Moïse (Actes 13:39).

Moïse avait la formation et les connaissances qui lui ont permis d'écrire le Pentateuque. En tant que fils adoptif dans la famille du pharaon égyptien reçu la meilleure éducation de l'époque, écouté les histoires des origines d'Israël rapporté par les anciens hébreux et fut un témoin oculaire des événements de l'Exode et du pèlerinage dans le désert.

Pour localiser les faits de l'histoire avant la naissance de Jésus qui est le Christ, les historiens comptent les années sous forme régressive, c'est-à-dire "avant le Christ" et écrire sous forme abrégée comme, av.C "et les années après le Christ "d. C."

Le Pentateuqueh

Genèse	*Les débuts*
Exode	*Libération d'Egypte*
Lévitique	*Règle du pour les Lévites (sacrificateurs)*
Nombres	*Le recensement du village et la période dans le désert*
Deutéronome	*La répétition de la loi*

La géographie de Canaan

La Palestine est située dans la Palestine actuelle.

La terre de Canaan est le lieu où commence l'histoire du Peuple d'Israël et est connue aujourd'hui sous le nom de Palestine. À l'époque du Pentateuque, il s'étendait de la ville de Dan au nord à la ville de Beersheba au sud (Juges 20:1). Au nord, il était bordé par le mont Hermon et au sud par le désert du Néguev, à l'ouest avec la mer Méditerranée et à l'est avec la vallée de la rivière Jordan. En raison des caractéristiques de son territoire palestinien, il est divisé du nord au sud dans 4 régions:

1. **La plaine maritime:** Une bande étroite du nord à la ville de Tire. Il comprend les plaines d'Aser (entre la ville de Tyr et le Mont Carmel); celui de Sharon (du mont Carmel à la ville de Joppé); et celle de la Philistie qui va du Nil à la ville de Gaza.

2. **Les montagnes occidentales:** Ce sont une série de chaînes de montagnes d'une hauteur de 300 à 600 mètres d'altitude. Cette zone s'étend dans les montagnes du Liban au nord jusqu'au désert du Néguev au sud. Ces montagnes au temps de Jésus étaient divisées en trois régions politiques: Galilée, Samarie et Juda ou Judée.

3. **La vallée du Jourdain:** Elle commence sur le versant ouest du mont Hermon. Parcourir 360 km en descendant vers la mer Morte.

4. **Les montagnes orientales:** Du Jourdain au désert à l'ouest. Au temps de Jésus qui est le Christ, cette région était connue sous le nom de Décapole.

L'histoire des origines jusqu'à Moïse

Le livre de la Genèse relate l'histoire des premières familles d'Israël.

Le récit de l'histoire de l'humanité commence dans le livre de Genèse 1. Bien que pour les Juifs l'histoire humaine ait commencé il y a 5770 ans, les historiens bibliques ne disposent pas de données qui leur permettraient de dater les temps de la création. Les dates les plus anciennes qui ont été déterminées sont approximatives et à partir de la naissance d'Abraham en 2165 av. C. (Nouveau Dictionnaire de la Bible, Unilit,1992).

Dieu a placé Adam et Eve dans le jardin d'Eden, un endroit où ils avaient à leur disposition tout le nécessaire pour satisfaire leurs besoins et les a mis en charge de tout ce qu'il avait créé. Il les a également prévenus qu'ils n'ont pas mangé de l'arbre de la connaissance du bien et du mal, qu'ils ont désobéi en permettant le péché dans l'humanité (Genèse 3). Avec la chute de l'humanité, le péché s'est rapidement propagé à l'avenir générations et les êtres humains ont perdu la compagnie qu'ils avaient avec le Créateur, alors

La Palestine était la terre promise par Dieu à Abraham et à ses progénitures, c'est pourquoi, il reçoit également le nom de la "terre promesse" ou "Terre promise" (Genèse 12:1-5).

Quand est-ce que la création du monde faisait-il réalité selon les juifs?

Depuis les temps anciens, les Juifs utilisent un calendrier lunaire de 12 mois, qui commence par la création du monde, un dimanche 7 Octobre de l'an 3761 À. C. C'est un autre calendrier, celui que nous utilisons, quel est le calendrier grégorien, qui commence dès la naissance du Christ. C'est pour cela que, pour calculer le temps de la création selon les Juifs, il faut ajouter l'année en cours, 3760 ans. C'est-à-dire que si nous sommes dans les années 2010 et nous y ajoutons 3760, nous serions à distance 5770 ans depuis la création du monde.

Dieu a décidé de mettre fin au mal, en détruisant aux gens et aux animaux qui ont habité la terre à travers le déluge universel. Seul Noé a trouvé grâce aux yeux de Dieu, alors Dieu lui a ordonné de construire une arche pour sauver sa famille et un couple de chacun des espèces animales.

Cependant, le péché réapparaît dans le cœur des hommes et femmes. Dans la ville de Babel, Dieu a puni la désobéissance de ceux qui se sont organisés pour construire une grande tour, au lieu de distribuer et de peupler le pays que Dieu avait confié aux descendants de Noé (Genèse 10:1-11:9). Dieu "a confondu leurs langues" et en conséquence ils se divisèrent en peuples selon leur langue et se dispersèrent dans tout le pays.

Dans Genèse 11:27, Dieu met en œuvre son plan pour sauver l'humanité de son péché et restaurer sa communion avec son Créateur. Le Seigneur établit une alliance avec Abraham (15:2; 17:2) dans laquelle il promet bénédiction et protection pour faire de lui une grande nation et par sa descendance, bénisse toutes les familles de la terre.

Patriarche signifie "Tes parents" et fait référence aux dirigeants des premières familles d'Israël comme Abraham, Isaac et Jacob. À l'époque dans lequel ils vivaient connus sous le nom de période patriarcal.

Les patriarches héritiers d'Abraham et chefs spirituels du peuple d'Israël à ses débuts sont Isaac et Jacob. Joseph, était le fils préféré de Jacob et par jalousie, ses frères aînés le vendent comme esclave en Egypte. Les frères ont menti leur père en disant qu'il était mort, mais Dieu était avec lui au milieu de nombreuses expériences difficiles et l'emmène enfin être gouverneur des Égyptiens. Puis à travers une grande sécheresse et la manque de nourriture, les frères retrouvent Joseph qui leur pardonne et amène toute la famille (70 personnes) à vivre en Egypte, au pays de Goshen. Là, l'histoire se termine dans le livre de la Genèse.

Scène historique	Evénements	Livres du Pentateuque
Proto-Histoire: De Création - pas de date jusqu'à Abraham 2165 av.C.	Préambule historique: La Création, la Chute, Première Culture, le Déluge, la tour de Babel (Adam, Abel, Enoch, Noé).	Genèse 1-11
Période patriarcale de 2165 à 1804 av.C.	Vie d'Abraham, Isaac, Jacob, Joseph, Job.	Genèse 12-50, Job
Période d'Exode de 1804 à 1405 avant av.C.	Vie de Moïse, l'Exode, la construction du Tabernacle, Loi, pèlerinage d'Israël à travers le désert.	Exode Lévitique Nombres Deutéronome

L'histoire de l'arrivée en Egypte jusqu'à la mort de Moïse

Dans les temps de Jocob, Egypte était la nation la plus puissante du monde.

Moise a été appelé par Dieu pour libérer Israël de son esclavage.

Après 400 ans, les descendants de Jacob sont devenus un peuple fort et nombreux en Egypte. C'est là que le livre de l'Exode commence son récit. Cela fit peur à Pharaon qui, craignant une révolution les soumet comme esclaves. Au milieu de ces moments difficiles, Dieu a envoyé Moïse pour délivrer Israël et les amener au pays de Canaan de s'établir comme une nation sainte et adoratrice du Dieu unique.

Après les avoir fait sortir d'Egypte par des actes miraculeux, Dieu a conduit le peuple au mont Sinaï où il leur a donné par Moïse les dix commandements et instructions pour la construction du premier temple (le tabernacle), sur la manière d'organiser le culte du peuple et sur le service des sacrificateurs. Au Sinaï, les Israélites tombèrent dans l'idolâtrie, construire un veau d'or. Quand Moïse l'a vu par colère, il a brisé les tables de la loi, mais plus tard le Seigneur lui a donné les dix commandements et renouvelé l'alliance avec Israël.

En atteignant Kadesh, Dieu dit à Moïse d'envoyer 12 espions à Canaan pour inspecter le terrain. A leur retour, seuls deux d'entre eux ont fait un bilan positif: Josué et Caleb. Les autres ont parlé de l'impossibilité de s'installer sur cette terre parce que ses habitants étaient des gens puissants et forts. Le peuple a cru aux dix et ils se sont rebellés contre Moïse. Alors Dieu a puni le peuple pour son manque de foi, jurant qu'aucun de ceux qui sont nés en Egypte n'entrerait dans la terre promise. À cause de cela, les gens ont traversé le désert pendant 40 ans au cours desquels il a appris à adorer et à servir le seul Dieu et vivre sous ses lois.

L'histoire du Pentateuque se termine par les derniers discours, la mort de Moïse et la désignation de Josué comme successeur de Moïse (Deutéronome 27-34).

*Le livre de **Job** est inclus à l'époque patriarcale bien qu'il ne fasse pas partie du Pentateuque, en raison de que les historiens situent leur narration dans les temps d'Abraham, d'ici l'an 2000 a.C. environ.*

__Moïse:__ Son nom signifie sauvé des eaux. Descendant de la tribu de Lévi. Il a été commissionné la tâche de sortir le peuple de Dieu d'Egypte, le lieu où il a été opprimé durant plusieurs centaines d'années.

Les alliances de Dieu avec son peuple

Une alliance est un pacte ou un accord entre deux parties.

Tout au long de l'histoire, Dieu a établi des alliances avec son peuple à travers lesquelles, Il s'est engagé à protéger le peuple d'Israël et à travers lui, fournir un Sauveur à toutes les nations. Dans le Pentateuque, les premières alliances sont enregistrées. Certaines des alliances sont conditionnelles et certaines d'autres inconditionnelles. Quand une alliance est conditionnelle, Dieu s'engage à remplir sa part de l'alliance, tant qu'Israël remplit sa part. Lorsqu'elle est inconditionnelle, Dieu accepte de faire sa part et il n'exige pas un certain accomplissement de la part d'Israël. Les pactes les plus pertinents:

__Tables de la loi__ ou tables de l'Alliance: tuiles de pierre dans laquelle Dieu écrit des deux côtés les Dix Commandements (Exode 32:15-16), ils les gardaient au sein de l'arche, à l'intérieur du tabernacle.

Alliance avec	Passage Biblique	Contenu
Abraham	*Genèse 12:1-7*	Promesse de bénédiction à toutes les familles de la terre par Abraham et ses descendants.
Israël	*Exode 20-23*	Bénédictions personnelles promises à Israël sous la condition d'obéissance.
Israël	*Deutéronome 28-30*	La terre de Palestine promise à Israël pour toujours, mais sous la condition d'obéissance.
David	*2 Samuel 7:10-16*	Le trône d'Israël promis pour toujours aux descendants de David.
Avec l'humanité	*Galates 3:8*	Le salut accessible à tous par le moyen de Jésus-Christ, descendant d'Abraham.

Tabernacle: Une grande tente portable que le peuple pourrait transporter. Les artisans ont fait la tente et ustensiles pour le culte en suivant les instructions que Dieu a donné à Moïse. C'Était le sanctuaire ou la sainte demeure au Seigneur, le lieu où Dieu s'est manifesté au peuple dans le désert. Aussi connu sous le nom du tabernacle de réunion ou de témoignage.

Leçon 2 - Le Pentateuque

Aspects littéraires

Alliance: De l'hébreu "berit", désigne un accord, un traité ou pacte entre deux personnes, rois ou nations.

Genèse, Exode, Lévitique, Nombres et Deutéronome sont des livres historiques.

Les cinq livres du Pentateuque appartiennent à la littérature historique et de loi, car ils comprennent des sections de texte législatif (lois et ordonnances). Voici une brève description de chaque livre:

Genèse signifie commencement. Son thème est l'œuvre de Dieu dans la création et le salut. Son but est de fournir une histoire authentique du début de l'humanité en tant que création de Dieu, sa chute, ses conséquences de la corruption et le jugement, et l'introduction au plan du salut donné par Dieu.

Contenu de la Genèse

La Création (1,2)	Abraham (12-25)
La Chute (3)	Isaac (17-35)
La première civilisation (4)	Jacob (25-35)
Le Déluge (5-9)	Joseph (36-50)
La dispersion des nations (10-11)	

Saint: De l'hébreu "qadosh", cela signifie couper, séparer, ce qui implique que nous avons été coupé ou mis de côté pour Dieu.

Exode signifie sortie. Son thème est la rédemption et l'organisation d'Israël en tant que peuple de l'alliance. La pensée centrale est le sauvetage ou la libération par le sang. Son but est de raconter la libération d'Israël de l'esclavage en Egypte et son élévation à une place plus élevée en tant que peuple élu du Seigneur.

Contenu de l'Exode

Israël en captivité (1-2)	La loi donnée à Israël (19-23)
Israël racheté (3-15)	Israël en adoration (24-40)
Israël voyage au Sinaï (15-19)	

Le livre du **Lévitique** se concentre sur le récit des lois relatives aux Lévites et au service dans le tabernacle. Son thème est la nécessité de propreté et sainteté pour se rapprocher de Dieu. Exposer en tant que peuple racheté peut s'approcher Dieu dans la prière et comment la communion avec Dieu peut être établie et se maintient pour toujours. Son but est d'appeler le peuple de Dieu à la sainteté personnelle. Les rituels qui apparaissent dans le livre sont utilisés pour représenter le Seigneur comme un Dieu saint et soulignent que la communion avec Lui doit avoir le fondement d'expiation pour le péché et la vie d'obéissance.

Lévites: Tribu d'Israël, descendant de Lévi, fils de Jacob. Ils ont été assignés le ministère sacerdotal au sein du peuple d'Israël, peut-être parce que c'était la seule tribu qui n'a pas adoré au veau d'or (Exode 32: 26-29). Ils n'ont pas reçu de territoire, mais ils ont reçu 48 villes de Canaan afin qu'ils habitassent (Josué 21:3-42).

Contenu de Lévitique

Les lois en relation aux offrandes (1-7)	Les lois en relation avec les célébrations (23-24)
Les lois en relation au sacerdoce (8-10)	Les lois en relation avec le pays (25-27)
Les lois en relation avec la purification (11-22)	

Le livre des **Nombres** reçoit son nom des données de recensement qui sont consignées. Son thème est le service ordonné qu'Israël doive offrir dans son adoration envers Dieu. Son but est de garder une empreinte de la patience et de la miséricorde de Dieu avec le peuple choisit et de ne pas oublier le châtiment qu'ils ont reçu pour leurs péchés alors qu'ils erraient 40 ans dans le désert. Il y a deux générations différentes dans le livre:

Contenu des Nombres

Au Sinaï (1-9)	De Kadesh à Moab (20-36)
Du Sinaï à Kadesh (10-19)	

Deutéronome signifie deuxième loi. Contient les derniers messages de Moïse à la nouvelle génération, en particulier sur les lois qui devaient être obéies dans sa nouvelle vie à Canaan. Le but du livre est de garder un enregistrement des paroles de Moïse au sujet de ces lois qu'il a données au peuple sous forme de sermon, mettant ainsi l'accent sur les principes et les valeurs qui doivent régir la vie des fils et des filles de Dieu et qu'ils doivent préserver parmi les autres peuples qui habitaient ces terres.

Contenu de Deutéronome

La fidélité permanente de Dieu (1-4)	Exigences pour rester à Canaan (27-30)
Énoncé des fondamentaux de la loi (5-11)	Dernières commandes (31-34)
La fonction de la loi (12-26)	

Expiation du péché: Dans l'ancien testament, le sacrifice a été offert à Dieu par le biais des animaux essayant une charge sur une victime blâme innocent pour son péché personnel avec le but d'être purifié (expier), et prier Dieu qui échangerait sa colère contre une attitude favorable envers la personne repentante (se concilier).

Générations de livres des nombres

La première
- A quitté l'Égypte.
- Désobéissant et rebelle. En laissant le Sinaï, ils se plaignent, ils manquaient de gratitude et ils se sont rebellés à Kadesh.
- Pour leurs péchés rebelles et l'idolâtrie, ce peuple n'est pas entré dans la terre, ils sont morts dans le désert.

La deuxième:
- Il est entré à Canaan.
- Ils ont appris et grandi en obéissance aux commandements de Dieu.
- Ils sont entrés dans la terre promise et Dieu les a guidés pour le récupérer.

Qu'avons-nous Appris?

Les cinq premiers livres de la Bible racontent l'histoire de la création du monde et de l'humanité par la main de Dieu. Cela explique aussi l'origine de la condition pécheresse du cœur humain et les efforts de Dieu pour former un peuple Saint; Qu'il serve de lumière aux nations qui vivent dans le péché, dans les ténèbres de l'idolâtrie et séparées du seul vrai Dieu.

Leçon 2 - Le Pentateuque

Des Activités

INSTRUCTIONS:

1. Que signifie le mot Pentateuque?

2. Écrivez une leçon qui émerge de l'histoire du peuple de Dieu dans le Pentateuque pour votre vie ou votre église.

3. Le thème du livre de Lévitique se concentre sur le besoin de propreté et de sainteté à approcher Dieu. Est-ce valable actuellement? Expliquer.

4. En groupes de trois ou quatre, lisez les dix commandements d'Exode 20:1-17. Sélectionner ces 2 ou 3 qui représentent des péchés communs aux enfants et aux jeunes dans leur contexte. Ensuite, choisissez-en une mélodie connue et écrivez une chanson dans un langage simple avec vos gestes, pour enseigner ces commandements aux enfants ou aux jeunes à travers la musique. Ensuite, chaque groupe partage sa chanson avec le reste de la classe.

Leçon 3

Les Livres Historiques et Poétique

Les Objectifs

- Identifier les livres historiques et poétiques de l'A.T.
- Connaitre l'enseignement de chaque livre de manière panoramique.
- Se renseigner sur le développement historique du peuple Israël.

Les Idées Principales

- Les livres historiques vont de la conquête de la Palestine à la chute sous l'empire babylonien et la restauration ultérieure d'Israël sous l'empire de Perse.
- Les livres poétiques contiennent des chants d'adoration et des conseils pour la vie quotidienne.

Introduction

Les livres historiques retracent l'histoire d'Israël depuis la conquête de la Palestine sous la direction de Josué jusqu'aux rébellions et à l'idolâtrie pendant la période des rois, qui provoqua la division du royaume et la chute de la nation aux mains des armées d'Assyrie et de Babylone. Ensuite, il est raconté aussi la restauration ultérieure de la nation sous l'empire perse. Tout cela couvre une période d'environ 1000 ans, à partir de la conquête de Canaan en 1400 av. jusqu'à la construction des murs et du temple après la captivité babylonienne, vers 400 av. C.

Les dernières paroles de Moïse dans Deutéronome 28-30 sont une excellente introduction à ces livres historiques. Dans ces chapitres, Dieu montre les bénédictions qu'ils obtiendraient s'ils restaient obéissants et malédictions qui les amèneraient à désobéir à l'alliance.

Mésopotamie: Mot d'origine grecque ce qui signifie entre les rivières. En Asie Mineure, il indique les plaines entre les rivières Tigre et Euphrate, où se trouvent les premières civilisations humaines. Actuellement en Irak.

Livre historique de l'A.T.	Terme
Josué	L'entrée de la terre promise.
Juges	Guerre avec les pays voisins.
Ruth	Histoire de la femme moabite devenue Israélite.
1 et 2 Samuel	La vie de Samuel, Saül et David.
1 et 2 Rois	Salomon et autres rois jusqu'à la captivité.
1 et 2 Chroniques	Répète l'histoire d'Israël de Saül jusqu'à la Captivité.
Esdras	Retour du reste à Jérusalem.
Néhémie	Retour du reste.
Esther	La femme juive devenue reine de Perse pendant la captivité.

Les juges étaient des hommes et des femmes que Dieu a appelées à exercer un leadership sur les tribus d'Israël après la mort de Josué. Le nom Juge décrit deux fonctions: 1) Leader militaire pour guider le peuple et 2) Leader civil pour résoudre les disputes et maintenir la justice.

L'environnement politique de la Palestine

Palestine était peuplée par les peuples idolâtres.

L'ancienne Canaan, aujourd'hui connue sous le nom de Palestine, elle était située stratégiquement entre trois continents: Europe, Asie et Afrique. Cette terre constituait la route nécessaire pour aller de l'Egypte à la Mésopotamie, où situer les grands empires de l'époque. En raison de sa position stratégique pour la conquête militaire, la Palestine était une place que les royaumes souhaitaient posséder.

Avant qu'Israël ne conquière la Palestine, le territoire était organisé dans les villes gouvernées par des rois. Il était courant que ces rois fassent alliances par le mariage de leurs fils et filles. Même si ces villes avaient une indépendance économique et politique, parfois unies pour combattre les armées d'invasion. Les villes étaient entourées par de grands murs et autour d'eux étaient des champs fertiles pour l'agriculture. Ses habitants étaient polythéistes, c'est-à-dire qu'ils adoraient divers dieux. Leur dieu principal était Baal, une divinité liée à la pluie, la guerre et le soleil. Leurs rituels comprenaient la divination et le sacrifice des enfants.

Au moment où Israël a commencé sa conquête, les deux empires les plus influenceurs de la région, les Égyptiens et les Hittites ont été affaiblis en raison des guerres entre les deux qui avaient épuisé leurs ressources matérielles et humaines. Lors de la conquête, il dut se battre avec les peuples qui habitaient la terre, qui à leur tour les a attaqués en volant tout ce qu'ils avaient (récoltes, animaux, femmes, entre autres). Pour cette raison, Israël devait être constamment sur la défensive.

Développement historique

Israël était inconstant dans sa fidélité envers Dieu et a subi de graves conséquences.

Après la mort de Moïse, Josué commence par la tâche de reprendre la terre avec la nouvelle génération, qui a grandi dans le désert. Après avoir traversé le Jourdain, Israël conquiert la ville de Jéricho, et ainsi de suite de nombreuses autres villes suivent. Enfin le territoire est partagé entre les douze tribus, qui sont distribuées pour peupler la terre. Dieu avait donné des instructions précises à Israël qu'il doit détruire tous les habitants de Canaan et ne pas faire des alliances ou de mariages avec eux, afin de ne pas tomber dans leurs coutumes pécheresses et idolâtrie.

Jérusalem: Ancienne cité des Jébusiens d'où venait Sacrificateur Melchisédech, contemporain d'Abraham (Genèse 14:8). David la conquiert vers l'an 1000 a.C. et le rend capital de la nation. On l'a connu aussi en tant que "La ville de David".

Mais après la mort de Josué, "une autre génération s'est levée qui n'a pas connu Jéhovah, ni l'œuvre qu'il avait faite envers Israël" (Juges 2:8-10). Pendant cette période, la ville était gouvernée par des juges. Alors que le dernier juge, Samuel, conduit, l'idée d'avoir un roi surgit dans la ville. Ils voulaient la même forme de gouvernement que les nations voisines. Cela commence ainsi la période de la monarchie. Les trois premiers rois d'Israël étaient: Saül, David et Salomon.

Pendant le règne de David, Israël est entré dans une période de progrès et expansion géographique, politique, économique et à la recherche de Dieu. Le motif de cette croissance et de cette bénédiction était la fidélité de David à Dieu. L'une de ces réalisations sous son règne était de conquérir la ville de Jérusalem et de la rendre capitale de la nation (2 Samuel 5). Dieu a promis d'établir la royauté dans la famille de David à travers son fils Salomon (1 Chroniques 17:11-14).

Leçon 3 - Les Livres Historiques et Poétique

Salomon a bien commencé son règne et a dirigé la construction du premier Temple, mais il a commis l'erreur de prendre de nombreuses épouses étrangères (telles qu'était la coutume des rois de l'époque) qui introduisirent des autels et cultes idolâtres. Déjà vieux, influencé par ses épouses et concubines, Salomon a adoré ces dieux et bientôt le peuple a emboîté le pas. Tenir la demande pour leurs bâtiments, Salomon a fait payer des impôts au peuple de manière excessive.

Lorsque son fils Roboam lui succéda, il refusa la demande du peuple de réduire les impôts, et à la place rechargé la communauté avec du travail forcé et plus d'impôts. En réponse, les dix tribus du nord se sont rebellés et ont fait roi Jéroboam pour créer une nation indépendante sous le nom d'Israël, avec sa capitale en Samarie (royaume du Nord). Les deux tribus qui sont restées fidèles à Roboam, Juda et Benjamin, formaient le royaume de Juda, avec sa capitale à Jérusalem (royaume du sud).

Pendant la période du royaume divisé, Dieu envoya des prophètes au roi et au gens pour les amener à la repentance. De faux prophètes sont également apparus, que bien des fois le peuple a préféré entendre. Pour leur rébellion et leur idolâtrie à la fois des royaumes ont été conquis, beaucoup sont morts et d'autres ont été déportés. Au 720 avant JC L'Assyrie conquiert le royaume du nord. En 586 av. le Royaume du Sud tombe finalement sous le pouvoir de Nebucadnetsar, roi de Babylone. La ville et le temple de Jérusalem sont détruits. A cette période de l'histoire, cela s'appelle l'exil babylonien.

Après ces événements, les habitants du royaume du nord sont liés avec les peuples voisins et il y a un mélange racial, culturel et religieux qui a entraîné la perte de son identité (1 Rois 16:4; 2 Rois 17:1-6; 18:9-11; 1 Samuel 7:8-9). A l'époque de Jésus qui est le Christ, les Juifs ne reconnaissaient pas les colons du Nord - ou Samaritains - comme faisant partie de leur peuple.

Babylone: Fondée par Nimrod dans les années 2500 avant JC, qui a construit la tour de Babel (Genèse 11:1-9).

Babylone a été conquise en 536 av. par le roi perse, nommé Cyrus. C'est à partir de ce moment le processus de restauration de Juda commence en raison d'un changement dans la politique de l'empire qui a permis le retour des peuples captifs sur leurs terres. Un bon groupe de Juifs est retourné à Jérusalem et la reconstruisit. Le prophète Jérémie avait prophétisé que la captivité durera 70 ans.

Le retour des Juifs sur leur terre s'est produit dans divers groupes entre 536 et 446 av. En 536, le culte de Jéhovah reprit dans le temple avec le prophète Zorobabel. A cette époque, le royaume de Juda prend le nom d'Israël et la ville, ses murailles et le temple furent reconstruits. Le culte et l'organisation politique et sociale, bien que sous le contrôle de l'empire perse. Israël a continué d'être un sujet des empires qui contrôlaient le Moyen-Orient jusqu'au temps de Jésus, le Christ.

Théocratie: Gouvernement exercé directement par Dieu ou par leurs représentants qui guident les gens comme aux lois divines.

Après cette période de restauration, le temps appelé "Période de silence", pour une période de 400 ans. Ce sujet sera développé plus loin plus tard dans la leçon numéro 5 intitulée: *Introduction au Nouveau Testament*.

Aspects littéraires

Ensuite, nous étudierons un panorama de ses livres.

Josué veux dire Salut du Seigneur. Son auteur est Josué, bien que certaines parties du livre aient été écrites par quelqu'un d'autre. Il y a divers événements qui se sont passés après sa mort: la conquête d'Hébron par Caleb (14:6-15), la victoire d'Otoniel (15:13-17); et la migration de Dan (19:47). L'histoire parallèle se trouve dans Juges 1:10-16 et 18. Le sujet de ce livre c'est l'entreprise de la conquête d'Israël et de la victoire de la foi. Son but est, raconter l'histoire de la conquête de Canaan et de la division du pays entre les tribus, car il démontre la fidélité de Dieu en tant que Dieu qui accomplit les alliances (1:2-6).

Le livre des **Juges** raconte la période de Josué au premier roi, Saül. La tradition attribue Samuel comme son auteur. Par manque de leadership, le peuple retourne à l'idolâtrie et à l'immoralité. Les tribus souffrent aux mains des peuples voisins bien qu'ils obtiennent des victoires militaires partielles sous la direction des juges. Son but est de raconter la triste histoire des tribus d'Israël à une époque où ils s'écartaient de la loi de Dieu et affichaient la nécessité de l'unification nationale sous le gouvernement de Dieu.

Ruth signifie amitié. Son auteur est Samuel. Le livre traite du thème de l'amour de l'étrangère Ruth pour Naomi et son inclusion dans la lignée de David. Son objectif est de présenter le courage et l'amour pieux de deux femmes de pays différent à une époque de conflits, de violence et d'idolâtrie, pour tracer la ligne généalogie de Ruth et Boaz, au roi David, dont Jésus qui est le Christ descend (Matthieu 1:3-6).

Samuel veut dire demandé à Dieu, sa naissance est le résultat de la prière fervente d'Anne, sa mère. 1 et 2 Samuel ont été écrits par Samuel, le dernier juge d'Israël, qui a écrit les 24 premiers chapitres du premier livre. Le reste est attribué aux prophètes Nathan et Gad. C'est possible que Jérémie compile les écrits de tous (Jérémie 45). Le thème de 1 Samuel est l'établissement d'Israël comme royaume de Dieu, et celui de 2 Samuel l'établissement de David comme roi élu de Dieu. Le but est présenter l'histoire de l'unification d'Israël sous un gouvernement commun, la théocratie, le gouvernement de Dieu.

L'auteur de 1 et 2 **Rois** est le prophète Jérémie, assisté de Baruch, son secrétaire. Le thème de 1 Rois est la gloire du royaume de Salomon et le grand défi de l'idolâtrie. 2 Rois est le grand jugement de Jéhovah sur Israël et Juda pour idolâtrie. Son but, souligner le lien indissociable entre l'obéissance et la bénédiction, et entre la désobéissance et la malédiction.

Selon la tradition hébraïque, l'auteur de 1 et 2 **Chroniques** est le sacrificateur Esdras. 1 Chroniques traite de la souveraineté de Dieu dans l'établissement du trône de David et 2 Chroniques traitent de la récompense ou du châtiment de Jéhovah, car les rois descendent de David selon leur fidélité à la loi de Dieu ou son absence. Son but est de souligner les

Contenu de Josué:
1. L'entrée du pays (1-5)
2. La terre assujettie (6-12)
3. La terre divisée (13-22)

Date des expulsions babyloniennes:
- 586 avant JC Par le roi Nebucadnetsar
- 605 avant JC Groupe de
- 10 000 Juifs qui comprenaient Daniel.
- 597 avant JC Troisième expulsion.

Dates de retour à Canaan:
- 536 avant JC Premier groupe bas Zorobabel
- 458 avant JC Retour sous le Reigne d'Esdras
- 446 a. C. Retour sous le Reigne de Néhémie

Contenu des Juges:
1. La période après Josué (1 à 3:4)
2. L'infidélité du peuple et sa rançon (3:5-16)
3. Israël sans leadership (17-21)

Contenu de Ruth:
1. Ruth décide d'aller avec Naomi (1)
2. Ruth la servante (2)
3. Ruth se repose (3)
4. Ruth récompensée (4)

Contenu de 1 Samuel:
1. L'histoire de Samuel (1-7)
2. Histoire de Saül (8 à 15)
3. Histoire de David (16-31)

Contenu de 2 Samuel:
1. L'ascension de David (1-10)
2. La chute de David (11-20)
3. Les dernières années de David (21-24)

Contenu de 2 Samuel
1. L'ascension de David (1-10)
2. La chute de David (11-20)
3. Les dernières années de David (21-24).

Contenu de 1 Rois:
1. L'établissement du royaume de Salomon (1-2)
2. Le règne de Salomon (3-11)
3. La panne et la décomposition du royaume (12-22)

Contenu de 2 rois:
1. La fin du ministère d'Élie (1 à 2:13)
2. Le ministère d'Elisée (2:14 à 13:21)
3. La détérioration et la chute d'Israël (13:22 à 17:41)
4. La détérioration et la chute de Juda (12-25)

Contenu de 1 Chroniques:
1. Depuis Adam jusqu'à David (1-9)
2. Le règne de David (10-29)

Contenu de 2 Chroniques
1. Le règne de Salomon (1-9)
2. La division du royaume (10:1 à 11:4)
3. Les rois de Juda (11:5 à 36:23)

Contenu d'Esdras:
1. Le retour sous Zorobabel (1-6)
2. Le retour sous Esdras (7-10)

Contenu de Néhémie:
1. La construction du mur (1-6)
2. La renaissance de l'adoration et la restauration du culte (7 à 13:3)
3. Correction des abus (13:4-31)

Le contenu d'Ester
1. La fête d'Assuérus (1-2)
2. La fête d'Esther (3-7)
3. La fête de Pourim (8-10)

bénédictions positives de la repentance et adoration sincère et souveraineté de Dieu pour restaurer et tiennent leurs promesses s'ils restent fidèles à l'alliance. Surtout ces livres répètent l'histoire racontée dans 2 Samuel, 1 et 2 Rois, mais ajoutent certaines données que ces livres ont omises.

Esdras et Néhémie ont écrit les livres qui portent leurs noms. Esdras raconte le retour d'une partie du peuple d'Israël d'exil à Babylone pour reconstruire le temple et restaurer le culte de Jéhovah, au bon moment quand Dieu avait dit que cela aurait lieu, par Jérémie en 29:10 (Esdras 1:1). Néhémie raconte la reconstruction de la muraille de la ville de Jérusalem et le renouvellement de l'alliance du peuple avec Dieu. Le but des deux livres est de raconter l'histoire d'Israël après la captivité.

Esther veut dire étoile. L'auteur est inconnu bien qu'il soit probablement Mardochée (Esther 9:20). Son thème est le soin continu de Dieu pour Israël, toujours en terre étrangère. Son but est de démontrer la souveraineté de Dieu et son soin affectueux de son peuple. Ce livre révèle aussi l'origine d'histoire de la fête de Pourim.

Les livres de sagesse

Les livres poétiques de l'Ancien Testament sont: Job, Psaumes, Proverbes, Ecclésiaste et Cantique des Cantiques. Ces livres sont classés comme différentes manières: didactique (pour son enseignement) ou poétique (pour son style littéraire) ou sapiential (pour leur contenu de conseil). Parfois, ils sont appelés tout à fait sage, parce que les enseignements et les instructions que Dieu offre dans ils forment ce que l'Ancien Testament appelle la "sagesse."

Classes distinctives de la poésie hébraïque	
Drame poétique	Comprend une série de scènes, présentées principalement en vers comme script pour la performance (Livre de Job).
Lyrique poétique	Poèmes adaptés à la musique pour chanter (Psaumes).
Didactique de la poésie	Poèmes dans le but d'enseigner.
Didactique pratique	Énonciations et didactique philosophique (Proverbes et Ecclésiaste).
Idylles poétiques	Scènes rustiques ou paysannes en vers (Chant des Chansons).
Elégie poétique	Poèmes qui expriment la tristesse ou les regrets (Pleurs).

L'auteur du livre de **Job** n'a pas été identifié. Son thème est le mystère de la souffrance et son but dans la vie des enfants fidèles de Dieu. Son but est de montrer comment Dieu permet aux moments d'adversité pour guider son peuple vers la maturité, en mettant en lumière le péché caché (comme autojustification dans le cas de Job).

Les auteurs des **Psaumes** sont nombreux: David, Asaph, Moïse, les fils de Koré, Etham, Héman, Esdras, Ézéchias, Jeduthun et Salomon. Beaucoup d'autres sont anonyme. Les Psaumes sont des poèmes qui ont servi de cantique à Israël dans le culte et les fêtes religieuses. Le livre des Psaumes a plusieurs objectifs. Ses auteurs expriment devant Dieu leurs émotions: joie, tristesse, déception ou confiance au milieu des épreuves de la vie. Les Psaumes expriment davantage l'espoir d'Israël dans la venue du Messie et révélant les détails sur sa première et sa seconde venue.

Le livre des **Proverbes** a plusieurs auteurs: Salomon (1-24), Agur (30), Le roi Lémuel (31). Isaïe et Michée auraient recueilli des autres dictons de Salomon dans les chapitres 25 à 29. Son sujet est les grands bienfaits de sagesse et la recherche de Dieu pour le développement de notre vie. Le but de l'auteur est d'enseigner les grands avantages d'avoir un esprit, un style de vie discipliné et orienté vers Dieu. Informer de grands dangers qui résultent inévitablement d'être emportés par instincts, passions et désirs incontrôlés.

Ecclésiaste, moyen, prédicateur ou celui qui parle dans un groupe de personnes. Son auteur est Salomon (1:1, 16, 12:9). Résout le problème de l'inutile ou improductif, chercher le sens de la vie sans Dieu. Son objectif est de présenter un raisonnement philosophique sur l'insuffisance et la stérilité d'une vie qui vit pour le Créateur et démontrer que la satisfaction et la joie de vivre se trouve dans la reconnaissance de la souveraineté de Dieu.

Le livre du **Cantique des Cantiques** reçoit son nom d'être le principal de toutes les chansons écrites par Salomon (1 Rois 4:32). Son thème est délices de l'amour conjugal, décrits à travers une histoire d'amour qui glorifie l'affection pure et naturelle, et met en évidence la pureté et la sainteté dans le mariage comme un don de Dieu. Son objectif initial était de célébrer le mariage de Salomon avec la belle femme Sulamithe (Cantique des Cantiques 6:13).

Contenu de Job:
1. L'attaque de Satan contre Job (1- 2:10)
2. Job et ses amis (2:11 à 31:40)
3. Le message d'Elihu (32-37)
4. La réponse de Jéhovah à Job (38 à 42:6)
5. Conclusion (42:7-17)

Contenu des Proverbes:
1. Courage et vraie sagesse (1-9)
2. "Proverbes de Salomon" (10:1 à 22:16).
3. "Les paroles des sages" (22:17 à 24:34).
4. Autres proverbes de Salomon (25 à 29)
5. Instructions pour la gélose et la mère du roi Lémuel (30-31)

Contenu de l'Ecclésiaste:
1. La vanité du plaisir et de la sagesse humaine (1 et 2)
2. Le bonheur terrestre, ses obstacles et moyens du progrès (3-5)
3. La vraie sagesse pratique (6:1 à 8:15)
4. La vraie sagesse a la vie de l'homme (8:16 à 10:20)
5. Conclusion (11:1-12:14)

Contenu de Cantique des Cantiques:
1. La mariée dans les jardins de Salomon (1:2 à 2:7)
2. Souvenirs de la mariée (2:8-3:5)
3. Les mariages (3:6-5:1)
4. Au palais (5:2-8:4)
5. La maison de la mariée (8:5-14)

Livres poétiques:
- **Job:** Un homme juste qui a souffert, et demande pourquoi?
- **Psaumes:** Recueil de chants d'Israël
- **Proverbes:** Joyaux de sagesse
- **Ecclésiaste:** Pèlerinage spirituel, cherchant le sens de la vie
- **Cantique des cantiques:** Chanson d'amour

Qu'avons-nous Appris?

Les livres historiques de l'Ancien Testament racontent l'histoire d'Israël de la conquête de la terre promise à l'exil et au retour. Bien qu'Israël ait traversé des moments très difficiles en raison de son infidélité, Dieu n'a jamais abandonné son peuple et a tenu ses promesses.

Les livres poétiques contiennent des hymnes, des poèmes et des dictons qui enseignent comment adorer sincèrement et comment vivre avec sagesse.

Des Activités

INSTRUCTIONS:

1. Le livre des Juges décrit Israël comme un peuple de Dieu de nom, mais pratiquant les mêmes péchés des peuples idolâtres. Est-ce un problème présent dans l'église contemporaine ? Commenter.
   _____
   _____
   _____
   _____

2. Qui étaient les coupables de la division entre le royaume du Nord et du Sud ? Quelle leçon pouvons-nous apprendre de cette histoire pour les dirigeants d'église?
   _____
   _____
   _____
   _____

3. Quel est votre Psaume préféré ? Quelles émotions l'auteur de ce Psaume exprime-t-il?
   _____
   _____
   _____
   _____

4. La classe est divisée en deux groupes:

   Le groupe 1 répond: Quelle valeur éducative le livre de Job a-t-il pour la vie chrétienne ?

   Le groupe 2 répond: Quelle est la valeur du livre des Cantiques de Salomon dans un contexte où le mariage se détériore?
   _____
   _____
   _____
   _____
   _____
   _____

Leçon 4

LES PROPHÈTES

Les Objectifs

- Définir ce qu'est un prophète et quelle est sa fonction.
- Connaître le contenu de son message.
- Évaluer l'importance de son message à nos jours.

Les Idées Principales

- Le prophète est quelqu'un appelé par Dieu pour transmettre sa Parole au peuple.
- Les prophètes ont servi d'enseignants et de prédicateurs.
- Les livres prophétiques de l'Ancien Testament sont au nombre de douze et sont classés en majeur et mineur.

Introduction

Qu'est-ce qu'un prophète? Est-ce quelqu'un qui peut prédire l'avenir? Une espèce de voyant? Dans l'Ancien Testament, le prophète est appelé personne qui a communiqué un message de Dieu aux hommes, afin de les guider et leur montrer le droit chemin (Genèse 20:27). Quelques prophètes consacrés une grande partie de leur vie à ce ministère, des autres l'ont fait pour certains temps, comme Marie la sœur de Moïse (Exode 15:20) ou les bénédictions d'Isaac et de Jacob pour leurs enfants (Genèse 27:27-29, 39-40, 48:20).

Prophète: *Décrit une personne qui ne parle pas de lui-même, mais au nom d'un autre, c'est un messager de Dieu (2 Rois 9:7, 17:13; Daniel 9:6)*

Le prophète Amos prétend qu'être prophète est un don de Dieu (Amos 2:11). Jérémie dit que la fonction prophétique a commencé avec Moïse (Jérémie 7:25). Au Deutéronome 18:9-22, Moïse a déclaré que Dieu allait susciter un ministère prophétique, et qu'un jour le plus grand prophète se lèverait, se référant au Messie.

Le rôle des prophètes

Les prophètes étaient en premier lieu des enseignants et des prédicateurs.

Mots hébreux pour prophète:

Roeh: voyant. Décris la perception spirituelle exceptionnelle qui caractérise au prophète.

Chozeh: voyant, mystique. Décrire la vie contemplative du prophète, soulignant la manière dont ils ont reçu des messages de Dieu.

Nabhi: prophète, proclamateur. Le travail actif du prophète proclamant le message de Dieu (1 Rois 8:15; Esaïe 1:20; Jérémie 15:19).

Les prophètes avaient les responsabilités suivantes:

- Ils prêchaient selon la Parole de Dieu révélée dans les livres de Moïse et les autres existants de l'Ancien Testament.

- Comme Dieu leur a révélé, ils ont prédit les événements à venir. Ils ont averti les gens du jugement qui viendrait à la suite de leur péché et événements liés à la venue du Messie et son Royaume.

- Ce sont eux qui ont préservé et défendu la pratique de la Loi de Moïse. Ils l'ont enseigné et ont appelé Israël à lui obéir.

Les prophètes sont divisés en majeurs et mineurs en raison de la taille de leurs livres. Par exemple, le livre d'Isaïe, de Jérémie ou d'Ézéchiel sont à eux seuls beaucoup plus étendus que si les douze livres des petits prophètes étaient réunis.

Les cinq prophètes majeurs	
Esaïe	Un appel à la repentance. Les Promesses du Messie.
Jérémie	Un appel à la repentance
Lamentations	Pleure la destruction de Jérusalem
Ézéchiel	Visions du jugement de Dieu et de la restauration future
Daniel	Ce prophète affronte le roi Nebucadnetsar. Visions du jugement et de retour.
Les douze prophètes mineurs	
Osée	L'amour Dieu pour son peuple infidèle
Joël	Le Jour du Seigneur, jugement dévastateur
Amos	Dénonce Israël pour son injustice envers les pauvres
Abdias	Edom sera puni pour avoir envahi Juda
Jonas	Le prophète qui s'enfuit et est avalé par un poisson
Michée	Exploitation des pauvres et perversion des sacrificateurs
Nahum	Prophétie de la destruction de Ninive
Habacuc	Le prophète doute de la justice de Dieu
Sophonie	Jugement sur Juda et les autres nations
Aggée	Encourage la reconstruction du temple
Zacharie	Visions de la restauration et du Messie
Malachie	Accusations contre les sacrificateurs

Assyrie: Empire qui se tenait en Irak et en Iran actuels. Il possédait une armée de forts guerriers confrontés à cruauté envers ses ennemis. Le royaume du Nord est tombé dans l'an 722 a. C. entre les mains de cet empire.

Edom: était une région montagneuse et ses habitants étaient appelés idumeos qui étaient descendants d'Esaü, le frère de Jacob. Celles-ci ont fermé la voie à Moïse et le peuple quand ils étaient sur le chemin de la terre promise (Nombres 20: 14-21) et toujours ils étaient prêts à aider à tout ennemi qui attaque Israël.

Les prophètes avant la captivité

Le ministère prophétique a commencé en Israël 800 ans avant le Christ.

Au VIIIe siècle av. C. à la fois le royaume du Nord et du Sud, étaient impliqués dans l'idolâtrie des nations voisines, avec le feu vert des sacrificateurs et chefs. Les prophètes de cette époque qui nous ont laissé leurs livres sont:

Jonas (810-790 av. J.-C.). Son nom signifie Colombe. Il a été appelé le livre missionnaire de l'Ancien Testament, pour avoir été un prophète qui prêche une nation étrangère. Le thème est l'amplitude de la miséricorde de Dieu et la disposition faible du prophète à prêcher dans un pays ennemi. Dans son livre, Jonas déclare l'universalité du jugement et de la grâce de Dieu.

Synagogue: Cela signifie: Venir ensemble ou Assemblée. Généralement, il fait référence à un petit immeuble utilisé par les Juifs pour enseigner la loi, adorer Dieu et se rassembler pour les affaires sociales.

"Reste" Il fait référence aux familles du peuple d'Israël qui sont restées fidèles à Jéhovah.- Matthieu 2:23.

Le Jour de l'Éternel ou le Jour du Seigneur se réfère au temps dans lequel Dieu fera irruption avec la puissance dans l'histoire et vaincra les ennemis du Peuple de Dieu (Ésaïe 2:12; Joël 2:23).

Païens: Désigne des personnes ou les peuples qui pratiquent des religions polythéistes, ayant une diversité de dieux.

Joël (790-760 av. J.-C.). Son nom signifie que Jéhovah est Dieu. Son livre traite sur le jugement et le salut le "jour de l'Éternel" (expression utilisée par les prophètes pour indiquer le jour ou l'heure où Dieu interviendra dans l'histoire en faveur de son peuple). Ce livre a un but historique et un autre prophétique. L'historique est d'appeler à la repentance comme une réaction appropriée aux jugements de Dieu sous la forme d'un fléau de sauterelles et de sécheresses. Le prophétique annonce le jour du Seigneur, où Dieu soumettra les peuples idolâtres, Il libérerait son peuple de l'oppression et habiterait au milieu d'eux.

Amos (780-760 av. J.-C.). Son nom signifie charge ou chargeur. Amos a prophétisé à l'époque où Ozias était roi de Juda et Jéroboam était roi d'Israël. Durant cette période, les deux nations jouissaient de stabilité et de prospérité. Personne ne soupçonnait qu'avant dix ans le chaos politique et les meurtres ébranleraient la nation et la mèneraient à la destruction. Le sujet du livre est le jugement et la condamnation d'Israël pour ses péchés, en particulier l'idolâtrie et l'injustice sociale. Amos essaie de mettre en garde contre le jugement imminent de Dieu à la nation. Il les appelle à se repentir de l'inégalité, de corruption socio-économique, morale et spirituelle. Le terme préféré du prophète d'Amos est la justice de Dieu.

Osée (785-725 av. J.-C.). Son nom signifie salut ou délivrance. Osée a prophétisé dans le royaume du Nord au cours des 30 dernières années avant sa captivité sous le règne de Jéroboam II (740 av. Son prophète contemporain en Juda était Ésaïe. Les Israélites, ayant abandonné Jéhovah, ont commis toute sorte de mal. Le sujet de son livre est l'amour inépuisable de Dieu pour Israël qui produit le jugement final et la restauration. Osée enregistre le dernier appel de Dieu au royaume du Nord avant le désastre. Il décrit la condition abominable de la nation qui, comme la femme du prophète, elle s'était vendue à la prostitution. Il parle aussi de l'amour infini de Dieu qui a pleuré pour la division du royaume et était prêt à le recevoir à nouveau comme peuple de l'alliance, s'ils se repentent.

Isaïe (750-695 av. J.-C.). Son nom signifie que le Seigneur est salut. Le prophète enseigne le salut national et personnel qui vient de Jéhovah. Pour son insistance sur la grâce de Dieu et l'œuvre rédemptrice du Messie à venir pour toutes les nations, il a été appelé "le cinquième évangile". Ésaïe met la nation en garde au sujet du jugement imminent de Dieu à cause de leur idolâtrie et alliances avec des nations idolâtres. Leur rappelle le plan de délivrance de Dieu pour la nation et pour chaque personne par l'œuvre et le ministère de la venue du Messie.

Michée (745-725 av. J.-C.) Son nom signifie qui est Jéhovah? et se rapporte au message du livre décrivant le caractère de Jéhovah en tant que juge, Berger d'Israël juste et aimable. Le premier chapitre met en évidence la puissance de la colère de Dieu et dans le second son grand pardon. Michée décrit un peuple que malgré le respect des rituels religieux, il a continué dans son péché et il pratiquait l'injustice sociale et la violence. Il décrit la venue du Messie, qui, de son humble origine, régnerait sur Israël avec vérité et justice, comme Dieu l'avait promis dans l'alliance avec Abraham.

Les prophètes proches de la captivité

Dieu a averti son peuple du jugement à venir pour sa désobéissance.

Nahum (660-630 av. J.-C.). Son nom signifie confort. Le livre est unique parmi les prophètes, puisqu'il n'a pas de jugement pour Israël que contre Ninive, la ville violente de l'est. Nahum réconforte Juda face à la menace imminente de l'Assyrie, lui rappelle la souveraineté de Dieu sur toutes les nations et prédit la destruction de l'Assyrie sous le jugement de Dieu pour sa violence et cruauté.

Le nom **Sophonie** (630-620 av. J.-C.) signifie que le Seigneur "cache" ou protège. Sophonie a prophétisé pendant le règne de Josias, roi de Juda, qui a entrepris une grande réforme dans le service du temple. Le royaume de Juda approchait à sa fin et le prophète lance un appel urgent à la nation, condamnant leur idolâtrie et les avertissant du grand jour de la colère de Dieu sur le monde. Aussi il met l'accent sur les résultats finaux du jugement d'Israël. Ce serait une ville purifiée et humble que Dieu restituerait pour vivre au milieu d'eux.

Habacuc (620-610 av. J.-C.). Son nom signifie embrasser. Il est très probable qu'Habacuc était un musicien lévite dans le temple (3: 1,19) et contemporain de Sophonie. Il souligne la sainteté (justice) de Dieu en jugeant Juda pour ses péchés, en utilisant comme instrument la nation étrangère la plus redoutable et la plus puissante (Assyrie) et souligne qu'il y a de l'espoir pour les justes, qui vivront par la foi.

Le nom de **Jérémie** (628-588 av. J.-C.) signifie "Le Seigneur nomme ou établit". Jérémie a prophétisé à l'époque où le peuple de Juda était fait prisonnier et forcé de s'installer à Babylone. Son thème est l'amour constant de Dieu envers son peuple infidèle et sa tristesse pour les souffrances d'eux. Jérémie montre que les avertissements donnés par les prophètes précédents, devaient s'accomplir en captivité. Malgré que les péchés de Juda avait été la cause de sa chute, le peuple fidèle à Dieu serait sauvé et leurs oppresseurs seraient détruits. La ville de Jérusalem serait reconstruite et le temple retrouverait sa gloire.

Les prophètes en captivité

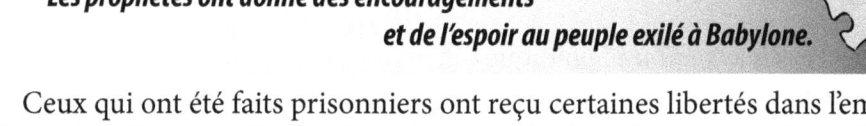

Les prophètes ont donné des encouragements et de l'espoir au peuple exilé à Babylone.

Ceux qui ont été faits prisonniers ont reçu certaines libertés dans l'empire babylonien. Pourtant, ils devaient vivre sous les lois d'une nation étrangère qui a servi des autres dieux et cela a apporté des difficultés et poursuites. Israël a dû s'adapter à cette nouvelle situation pour ne pas perdre leur foi et leur identité nationale. Les prophètes de cette période étaient:

Contenu of d'Esaïe:
1. Condamne pour les péchés Israël (1-35).
2. Histoire de l'invasion de l'Assyrie, le sauvetage de Jérusalem et la guérison d'Ézéchias (36-39).
3. Réconfort pour Israël et promesses de restauration et bénédiction (40-66).

Contenu de Michée
1. Réclamation (1-3).
2. Consolation (4-7).

Contenu d'Osée
1. Séparation: Israël, la femme infidèle (1-3).
2. Damnation: Israël, la nation pécheresse (4-13:8).
3. Réconciliation: Israël, la nation restaurée (13:9 à 14:9).

Contenu d'Amos
1. Jugement sur les nations (1-2).
2. Jugements sur Israël (3-9:6).
3. La restauration d'Israël (9:7-15).

Contenu de Jonas
1. La première commission de Jonas, sa désobéissance et ses résultats (1 et 2).
2. La deuxième commission de Jonas, son obéissance et ses résultats (3).
3. La plainte de Jonas et la réponse de Dieu (4).

Contenu de Sophonie
1. Un avertissement de jugement (1)
2. Un appel à la repentance (2:1 à 3:7).
3. Une promesse de restauration (3:8-20)

Leçon 4 - Les Prophètes

Contenu de Jérémie

1. L'appel et la commission de Jérémie (1).
2. Message général de réprimande de Juda (2-25).
3. Messages plus détaillés de réprimande et de jugement et de restauration (26-39).
4. Messages après la captivité (40-45).
5. Prophéties concernant les nations (46-51).
6. Souvenir de captivité de Juda (52).

Contenu de Habacuc

1. Le conflit de la foi (1,2).
2. Le triomphe de la foi (3).

Contenu de Ezéquiel

1. L'appel du prophète (1-3).
2. Le sort de la nation et de Jérusalem (4-24).
3. Prophéties contre les nations (25-32).
4. La restauration d'Israël (33-48).

Contenu de Daniel:

1. Daniel et ses compagnons (1).
2. Dieu règne sur les empires du monde (2-7).
3. Vision sur le destin du peuple de Dieu (8-12).

Contenu de Joël

1. Le jour du Seigneur immédiat: L'invasion des criquets (1).
2. Le jour imminent du Seigneur: L'invasion assyrienne (2:1-27).
3. Le futur Jour du Seigneur: L'invasion finale (2:28-3:21).

Contenu de Zacharie

1. Visions d'espérance (1-6).
2. Exhortations à obéissance et piété (7-8).
3. Promesses de gloire au milieu de la tribulation (9-14).

Daniel (606-534 av. J.-C.). Son nom signifie que Dieu est mon juge. A vingt ans, Daniel a été nommé gouverneur de la province de Babylone. Durant une période de près de soixante-dix ans, Daniel a servi six rois babyloniens et deux Perses. Le sujet de son livre est la souveraineté de Dieu sur les royaumes de ce monde. Son but est d'encourager le peuple juif qui était en captivité, leur rappelant que Dieu n'en avait pas encore fini avec la nation juive, qu'il y avait un plan de salut pour le monde, dans lequel Israël jouerait un rôle pertinent. Daniel prophétise que différents empires se succéderont dans l'avenir jusqu'au temps de la venue du Messie.

Abdias (587 av. J.-C.) signifie: serviteur du Seigneur. Il a prophétisé à Jérusalem quand Edom a lancé ses violentes attaques sur la ville. Le but de son livre est d'annoncer le jugement de Dieu et la destruction finale d'Edom par sa vengeance et la violence envers Israël et proclamer le triomphe final d'Israël dans le Jour du Seigneur quand il possédera le pays d'Edom.

Le nom **Ézéchiel** (606-534 av. J.-C.) signifie que Dieu fortifie. Les Juifs étaient plongés dans l'idolâtrie et la rébellion, ils ont abandonné Dieu et ils méprisaient la correction des prophètes de Dieu. Quand le roi de Babylone a pris le meilleur de la population juive, Ezéchiel a été pris aussi avec le roi Joaquin de Juda (597 av. La maison du prophète était devenu le lieu de rencontre où il donnait des conseils aux anciens de son peuple. C'est à Babylone que naissent les synagogues, composées des groupes de Juifs se réunissant pour adorer et apprendre de la Parole. Le but de son livre est de promouvoir la repentance et la foi en apportant le peuple à la fidélité à Jéhovah. Transmettre un message d'espoir et confiant que Dieu finirait par réunir la nation, la ville de Jérusalem serait reconstruite et le temple serait reconstruit.

Les prophètes post-captivité

Au moment du retour, les prophètes accompagnant le peuple ont rebâti la ville et le temple.

L'empire babylonien était dominant au Moyen-Orient (631 av.556 a. C.) lorsque Jérusalem a été détruite par le roi Nebucadnetsar en 586 a. C.. Cet empire était composé de l'union de l'Assyrie et de Ninive, nations conquises par les Mèdes. En 539 à. C., Cyrus le Perse bat le roi médian Astiages et s'empare de Babylone en faisant sa capitale. L'empire perse demeure pendant les ans 556 à 334 À. C. au moment où il a été conquis par le grec Alexandre le Grand.

Les Perses avaient une politique différente à l'égard des peuples conquis, leur a permis de vivre sur leurs terres tant qu'ils ont payé impôts à l'empire. Cela a favorisé les Juifs qui ont dirigé par Dieu, ils retournèrent à Jérusalem. Les prophètes de cette période étaient .

Le nom **Aggée** (520-518 av. J.-C.) signifie une fête ou ma fête. Le livre est écrit à l'époque de l'avènement de Darius sur le trône, lorsqu'il fut possible d'achever la construction du temple, dont les travaux avaient été entravés par un décret d'Artaxerxès, roi de Perse, à la demande des Samaritains qui étaient ennemis d'Israël. Le sujet du livre est la bénédiction de Jéhovah concernant la reconstruction du temple et sa promesse de prospérité et fidélité. Aggée exhorte les dirigeants à ne pas abandonner le travail de la reconstruction.

Zacharie (520-510) signifie que le Seigneur se souvient. Avec son père et grand-père est retourné à Jérusalem avec le premier groupe sous Zorobabel (Néhémie 12: 4,16). Il est le seul des prophètes mineurs qui est identifié en tant que prêtre. Son livre fournit le contexte historique d'Aggée. Les deux prophètes ont encouragé le reste à prendre des mesures pour achever la construction et a souligné la relation entre l'obéissance la reconstruction du temple et la bénédiction de Dieu sur sa vie (Aggée 1: 9; Zacharie 1:16, 17). Zacharie encourage la nation à servir Dieu fidèlement, même en temps d'affliction, mettre l'espoir dans les temps glorieux du Messie dans le futur. Le prophète veut empêcher le découragement du peuple en raison du fait que les promesses attendues de Dieu n'ont pas encore été, ils obéirent, même s'ils étaient revenus de la captivité. Pour ce faire, il s'assure que le royaume de Dieu serait établi et Israël triompherait de tous ses ennemis avec la venue du Messie.

Malachie (420-397 av. J.-C.). Son nom signifie mon messager et implique "Forte autorité". Le but du livre est de réveiller le reste d'Israël à se rendre compte de sa stagnation spirituelle. Malachie a prophétise à un peuple rebelle et hypocrite; religieux à l'étranger, mais intérieurement indifférent au Seigneur. Le service à Jéhovah était devenu un formalisme vide, porté par un sacerdoce corrompu, ils ne respectaient pas. La promesse est que le Messie à venir jugera et purifiera la nation.

Contenu de Aggée
1. La négligence de terminer de reconstruire le temple (1:1-15).
2. La gloire du second temple (2:1-9).
3. Sacrifice sans obéissance ne sanctifie pas (2:10-19).
4. Sécurité et perpétuité de la maison d'Israël (2:20-23).

Contenu de Malachie
1. Avertissement et réprimande: messages aux rebelles (1 à 3:15).
2. Prédiction et promesses: Message aux fidèles (3:16 à 4:6).

Qu'avons-nous Appris?

Le ministère des prophètes était la clé pour que Dieu puisse communiquer sa volonté à son peuple à une époque où les Bibles n'étaient pas accessibles à tous. Les prophètes ont aidé le peuple à reconnaître son péché et à se repentir. Ils n'ont pas permis à Israël d'oublier que Dieu les a appelés à être un instrument saint à travers lequel le Messie Sauveur de l'humanité (Jésus le Christ) viendrait.

Des Activités

INSTRUCTIONS:

1. Dans vos propres mots, répondez qu'est-ce qu'un prophète au sens biblique.
   _____
   _____
   _____
   _____

2. Quelles sont les trois fonctions principales des prophètes bibliques?
   _____
   _____
   _____
   _____

3. Quelle est la similitude entre le ministère du prophète de l'Ancien Testament et celui des prédicateurs contemporains?
   _____
   _____
   _____
   _____

4. Malachie, le dernier livre de l'Ancien Testament se termine en présentant l'échec absolu d'être face au péché quand il n'a pas l'aide de Dieu. Quelle a été et quelle est votre expérience à ce sujet?
   _____
   _____
   _____
   _____

5. Certains élèves qui souhaitent partager volontairement leur réponse à la question précédente avec le reste de la classe. Ensuite, faites ensemble une liste de: 10 conseils pratiques pour éloigner le péché hors de ma vie. Par exemple: Être prudent de ce que je regarde à la télévision.
   _____
   _____
   _____
   _____

Leçon 5

Introduction au Nouveau Testament

Les Objectifs

- Découvrir l'histoire des 400 ans entre l'A.T. et le N.T.
- Connaître le contexte du Nouveau Testament.
- Apprécier les avantages de l'Empire romain pour l'expansion du christianisme.

Les Idées Principales

- La période de 400 ans entre Malachie et Matthieu est appelée intertestamentaire.
- Au 1er siècle la culture prédominante était gréco-romaine et Juda était une province romaine divisée en différents groupes politiques et religieux.

Diaspora: *Dispersion du peuple Juif vivant parmi d'autres nations.*

Introduction

A l'époque de la captivité babylonienne, les Juifs jouissaient une certaine liberté. Certains ont occupé des postes publics, comme Daniel (605 av.C). Des autres sont devenus des commerçants qualifiés. Esther, a été choisie comme reine et épouse du roi médo-perse Xerxès (480 av. Les Juifs exilés ont réussi à surmonter le problème qu'ils avaient eu avec l'idolâtrie et qu'ils avaient péché maintes et maintes fois. Cela est évident dans l'expérience de Shadrach, Meshach et Abed-Nego, rapportés dans le livre de Daniel.

Lorsque les Juifs ont été autorisés à retourner à Jérusalem, certains ont décidé de rester et vivre avec leurs familles à Babylone. Ces Juifs, continuèrent pratiquant leur religion et se réunissant dans les synagogues, et sont connus comme Juifs de la "diaspora". De nombreuses années plus tard, ces colonies Juives hors de la Palestine, étaient stratégiques pour l'expansion de l'Église chrétienne au premier siècle.

La communauté qui est revenue d'exil avait des doutes sur le rétablissement des descendants de David sur le trône de Juda. Ils ont tenu pour responsables leurs rois d'avoir conduit le pays à la ruine morale, sociale et économique et en conséquence de la destruction du temple et de la ville de Jérusalem (2 Rois 21: 10-15 ; 23: 31-25: 26). Ils étaient également préoccupés par la nécessité de fournir des fonds pour soutenir le temple et ses services. Bien que Cyrus ait prévu pour les premiers jours (Esdras 1: 7-11), les livres d'Aggée et Malachie indiquent que le peuple n'a pas payé la dîme pour soutenir le ministère du temple (Aggée 1, Malachie 3).

A l'époque du dernier prophète de l'Ancien Testament, la Perse était l'empire dominant, mais au début du Nouveau Testament, l'empire qui prévalait était Rome. Pour comprendre comment cela s'est produit, nous étudierons l'histoire entre ces deux empires. Pour cela, il faut incorporer des informations fournies par certains livres apocryphes de cette période, tels que par exemple, les livres des Maccabées 1 et 2, écrits approximativement entre IIIe et Ier siècle av.JC.

La période intertestamentaire

L'histoire entre Malachie et Matthieu est très importante pour comprendre le N.T.

Pendant les 400 ans de silence entre les deux Testaments (425 av.JC). divers événements importants se sont produits dans le monde et dans la nation d'Israël.

Malgré les réformes et le réveil religieux qui existaient à l'époque d'Esdras et de Néhémie, Israël a encore péché, mais cette fois dans le formalisme religieux. Les rituels et les sacrifices ont été accomplis, mais leur conduite envers Dieu et ses semblables n'avaient pas de raison.

L'Empire de Perse avec Darius III, a été vaincu par Alexandre le Grand et l'empire gréco-macédonien acquiert le contrôle d'Israël (331 av.JC. Cet empire a prévalu jusqu'en 167 av.JC. Quand Alexandre meurt, n'ayant pas de descendance, l'empire est divisé entre ses quatre généraux: Ptolémée, qui est resté avec l'Egypte ; Lysimaque, avec la Thrace et la Bithynie ; Cassandre, avec la Macédoine et la Grèce ; et Séleucos avec Babylone et la Syrie. La Judée reste pour un temps sous la Syrie, puis sous Ptolémée d'Egypte.

Bien qu'Alexandre ait bien traité les Juifs, les rois de la dynastie de Ptolémée et Séleucos (Séleucides), ils étaient très durs. Dans l'an 198 Av.JC., Antioque le Grand, de Syrie, a reconquis la Judée. Son successeur, Antioque

Épiphane (174 av. JC.) fut celui qui affecta le plus les Juifs. Il interdit le culte de Jéhovah et tua tous ceux qui lui résistaient. Dans l'an 168 À. JC., il a profané le temple en offrant un cochon (un animal impur à Israël) en sacrifice l'autel des holocaustes et dédier le bâtiment du temple en l'honneur du dieu Zeus. Antioque imposait la peine capitale à ceux qui pratiquaient la circoncision, il a détruit toutes les copies qu'il a pu trouver des Saintes Écritures, et il a commis beaucoup d'autres cruautés et atrocités.

Entre 167 et 63 av. il y a eu une période d'indépendance, ceci en raison de la révolution des Maccabées, dirigée par Mattathias, dont la famille était les plus influents de cette période, puisqu'ils ont reconquis Jérusalem et consacra le temple une fois de plus au service de Jéhovah (165 av. JC.).

Au cours de la période grecque, des changements importants se sont produits, puis ils ont facilité la diffusion de la foi chrétienne dans le monde. Un groupe de 70 sages juifs ont traduit l'Ancien Testament en grec, dans la ville d'Alexandrie, Egypte (version Septante). Aussi les pays autour de la mer Méditerranée a été unifiée sous la langue et la culture grecques.

En 63 avant JC l'Empire romain remplace le grec, et reste jusqu'en 476 après JC. Les Romains, sous le commandement du général Pompée a conquiert la Judée et nommer Antipater et ses fils gouverneurs sur les Juifs. Ils étaient les descendants d'Édomites d'Ésaü, frère de Jacob. Hérode le Grand, fils d'Antipater, est le cruel roi Hérode mentionné dans les évangiles, qui régnait sur la Judée quand Jésus le Christ est né. Il régna d'environ 47 à 4 av.JC.

Leçon 5 - Introduction au Nouveau Testament

Personnages:

- **Cyrus:** (559-529 av. JC.): Roi de Perse (aujourd'hui l'Iran) qui a fait un édit qui a permis le retour des Juifs à Jérusalem.
- **Alexandre le Grand:** Fils de Philippe II roi de Macédoine et disciple d'Aristote. En raison de sa capacité militaire en quelques années atteint de conquérir la Perse en 331 avant JC.
- **Judas Maccabées:** Quand son Père Mattathias en l'an 166 av.C, a dirigé l'armée juive contre le grec Antioque IV Épiphane. Reconquis la ville de Jérusalem et purifié le Temple pour le consacrer à nouveau au service de Jéhovah.
- **Pompée:** Politicien et militaire Romain, qui a vécu dans les années 106 à 48 avant JC. Il a réussi d'étendre les domaines de l'empire romain, fin avec les pirates et c'était considéré comme un héros à Rome.
- **Ponce Pilate:** Selon la tradition, il a été condamné par Caligula en 36 av.JC, expatrié ou exilé au Galias, (terres habitées par les tribus celtes et conquis par Julio César entre 58 et 51 av.JC. Il s'est par la suite suicidé.

Zeus: Divinité de la mythologie grecque, considéré comme le père des autres dieux qui vivait dans les montagnes d'Olympe.

Situation politique du monde au premier siècle

Quand Jésus le Christ est né, l'empire romain unifiait les nations de trois continents.

Édomites or Iduméens: Les descendants d'Esaü, frère de Jacob. Ils étaient ennemis d'Israël jusqu'au IIe siècle av. C. Juan Hircano les bat, les forces à circoncire et convertir sous forme forcée au judaïsme. Depuis alors ils sont considérés partis du peuple juif.

En 63 avant JC, lorsque Pompée a conquis la Judée, le monde a changé pour les Israélites. Bien que Rome ait respecté les croyances des peuples conquis, le désir de la liberté des Juifs et leur assurance d'être le seul vrai peuple de Dieu, leur a apporté beaucoup de problèmes. Les Romains ont permis aux peuples sous leur domination de profiter de certaines libertés. Dans les "provinces" conquises, les Romains nommaient administrateurs, aux personnes avec lesquelles ils étaient liés par amitié ou intérêts communs, permettant une relative autonomie. Ce fut le cas avec Hérode et ses fils.

Les provinces romaines étaient divisées en deux catégories. Les provinces sénatoriales, conquises au temps de la République (509 à 27 av.JC, ils dépendaient du sénat et d'un gouverneur appelé "proconsul". Dans ces cas, généralement il n'y avait pas de légions de l'armée romaine en raison de la paix qui régnait en eux. Dans les provinces impériales, des légions étaient stationnées et elles dépendaient directement de l'empereur. Ils étaient situés dans les parties les plus éloignées de l'empire et étaient gouvernées par des sénateurs nommés et congédiés par l'empereur à sa volonté.

Les provinces impériales pourraient à leur tour avoir sous leur autorité des provinces secondaires qui étaient dirigées par des commandants et par des administrateurs, mais ils avaient un pouvoir limité. Par exemple, ils ne pouvaient pas juger les citoyens romains comme cela s'est produit dans le cas de Paul (Actes 25). Sous l'Empire romain, Israël devint la province de Judée et avait la catégorie de la province secondaire sous l'autorité d'un gouverneur, qui à son tour a répondu au gouverneur de la Syrie.

Souverain Sacrificateur: Il était le sacrificateur en chef de ceux qui ont exercé le ministère dans le tabernacle ou dans le temple. Il devrait être descendant d'Aaron sur la ligne de Sadoc. Il portait des vêtements spéciaux, oint le reste des sacrificateurs et était le seul qui pourrait entrer dans le lieu très Saint le jour de l'expiation, une fois par an. Il a offert le premier sacrifice pour lui-même puis pour le peuple.

En 6 après JC, Iduméee et la Samarie passèrent sous le contrôle direct de Rome, avec un procureur dépendant de la province syrienne. L'administration romaine a été étendue à la Galilée et à la Pérée. Ce gouverneur a été nommé un noble romain, qui a normalement duré dans sa poste depuis quelques années. Il avait le pouvoir militaire, judiciaire et financier, bien que limité. Sa résidence était à Césarée et il avait une force militaire modeste. Un groupe de soldats vivait à Jérusalem, dans la forteresse Antonia, tandis qu'il y avait des autres petits bataillons occupant les diverses forteresses dispersées sur tout le territoire. Pendant les fêtes, le gouverneur se rendit à Jérusalem avec une escorte pour empêcher les émeutes.

Au temps de Jésus qui est le Christ, Ponce Pilate était le procureur romain, qui fit crucifier Jésus. Cela n'a pas été apprécié par les Juifs parce qu'il les a provoqués lorsqu'il est entré à Jérusalem pour la première fois, il l'a fait avec ses insignes découverts et la bannière à l'effigie de l'empereur. Au creux d'une autre occasion, il saisit l'offrande du temple et avec cet argent il a envoyé à construire un aqueduc.

La loi de Moïse a été reconnue comme loi d'État pour tous les Juifs de Palestine et ceux sont dispersés dans tout l'Empire romain. Le Sanhédrin était l'institution qui servait de cour de justice, bien que seulement le gouverneur romain puisse prononcer une condamnation à mort. Ce corps était composé de 71 membres choisis parmi les anciens, les sacrificateurs et les pharisiens.

Aujourd'hui, il y a aussi différents groupes religieux. Quels groupes sont les plus communs dans le village ou la ville où vous habitez?

Tous les Juifs devaient payer tribut et impôts destiné au trésor impérial. Ceux-ci ont été collectés par le moyen des "Publicains", Juifs employés à Rome, pour lesquels ils étaient considérés traîtres. Cependant, les Juifs n'étaient pas tenus de participer au culte des dieux de l'empire, y compris le culte de l'empereur, par respect pour sa religion. Les services dans le temple étaient dirigés par les prêtres, qui offraient des sacrifices le matin et l'après-midi. L'unique que les Romains ont manqué de respect au système de culte juif, c'est que le gouverneur a nommé le Souverain Sacrificateur.

Le culte à l'empereur consistait en l'adoration et le culte des empereurs Romains déjà morts, à ceux qui se considéraient comme des dieux.

Au temps de Jésus qui est le Christ, Juda était bordé au nord par la province de Samarie. Les Samaritains étaient une race mixte de Juifs avec des peuples idolâtres qui avait été amené par les Assyriens après l'exil d'Israël pour peupler la terre. En raison de leur mélange racial et religieux, les Juifs de l'époque de Néhémie ne leur permettaient pas de participer à la reconstruction du temple, ils ont donc construit le leur sur le mont Garizim, ce qui a provoqué plus de tensions entre les deux peuples.

Parce que c'est important connaître le monde où le Nouveau Testament a été donné?

Hérode Antipas, roi des Juifs

Au moment où Jésus est né, les Juifs avaient un roi étranger idolâtre.

Hérode Antipas avait été ministre d'Hyrcan, l'un des Maccabées, mais lorsqu'il mourut, et à cause de l'amitié qu'il avait avec César, il fut nommé roi des Juifs, en 37 av. C'était un brave aventurier et à la fois violent, cynique et plein de soif de pouvoir. Aimé la construction de splendides édifices, avec lesquels il magnifia le royaume. Il s'empara de toute la Palestine et de la Transjordanie, aux sources du Jourdain à la mer Morte. Il fonda le port de Césarée en Méditerranée et fit affaires au bord de la mer Rouge.

En outre de Césarée, Hérode rebâtit la Samarie et restaure Jérusalem, la construction d'un aqueduc et du nouveau temple, ainsi que la restauration du tombeau des patriarches. Une autre de ses constructions était celle de la Tour Antonia, la forteresse de Massada, Hérodion et Macheron, plus un nouveau palais royal, fortifié de trois tours.

Légion romaine: terme militaire utilisé dans l'armée romaine qui est égal à cinq mille ou six mille soldats.

Malgré toutes les bonnes choses qu'Hérode a faites, les Juifs l'ont fait détester pour plusieurs raisons:

- Ce n'était pas un Juif, mais un Iduméen, un peuple qui avait été un grand ennemi d'Israël.

- Il avait de bonnes relations avec Rome.

Leçon 5 - Introduction au Nouveau Testament

- Il a construit des lieux de culte pour l'empereur dans différentes villes juives.

- Il n'a pas respecté l'autorité du Sanhédrin, ni les chefs religieux d'Israël, ni la loi de Moïse.

- Il a assassiné ses propres fils, Alexandre et Aristobule, sa femme Mariamme, et a même laissé des ordres pour qu'un certain nombre de nobles soient exécutés à sa mort afin que quelqu'un pleure dans leur salon funéraire.

- Il a fait assassiner les enfants dans la ville de Bethléem en essayant de détruire le Messie.

Les groupes politico-religieux en Palestine

La diversité religieuse au premier siècle était similaire à notre monde postmoderne.

Au premier siècle, en Palestine, la religion occupait une place très importante et elle était liée à des questions sociales et politiques. Les mêmes gens exerçaient l'autorité religieuse et la politique. Il y avait une variété de groupes religieux avec lesquels Jésus qui est le Christ a eu sa rencontre ; il a parlé avec eux et à plusieurs reprises, il leur reprocha publiquement leurs abus de pouvoir.

Les **Pharisiens**, dont le nom signifie "les séparés", étaient des prêtres qui vivaient soumis aux traditions et aux commandements de la loi de Moïse, en particulier la dîme et les lois de la pureté cérémonielle décrites dans le livre du Lévitique du chapitre 11 au 16. Les pharisiens étaient très importants pour Israël parce qu'ils sont devenus les défenseurs de la tradition juive et ils se sont opposés à la nouvelle tendance qui voulait tout convertir à la culture grecque.

Au IIe siècle av. JC., une division s'opère entre les Pharisiens et surgit le groupe de **Sadducéens**, composé de prêtres et des anciens qui s'opposaient aux Pharisiens. Ils étaient très stricts dans leurs croyances doctrinales et avaient leur propre code pénal. C'était un groupe très influent parce que leur puissance économique était très haute.

Les **Scribes** se sont constitués en groupe en même temps que les Sadducéens. Il s'agissait de prêtres spécialisés dans l'interprétation des Lois. Ils appartenaient à la classe moyenne et inférieure de la population sacerdotale. Le pouvoir des scribes était dans leur connaissance, qui a été acquise par de nombreuses années d'études. On les appelait "rabbin", c'est-à-dire enseignant et ils étaient les seuls autorisés comme instructeurs de doctrine. Leur éducation leur a permis de travailler comme enseignants, administrateurs et avocats. Tous les membres des sanhédrins qui étaient scribes, à leur tour, ils étaient tous des pharisiens.

Galilée:
Région nord d'Israël qu'au temps de Jésus avait une population mixte. Presque tous les disciples, comme Jésus, ils sont venus de cette région.

Césarienne:
Ville construite par Hérode en l'honneur d'Auguste César sur la côte Judée (104 km au NO de Jérusalem).

Circoncision:
Depuis l'époque d'Abraham (Genèse 17:24), les hommes d'Israël ont coupé la peau qui recouvre le gland du pénis, appelé prépuce, c'est le rituel qui a été adopté comme signe extérieur de l'alliance.

Le mot "Sanhédrin" cela signifie "s'asseoir ensemble". Formé par 71 des principaux hommes d'Israël: prêtres, nobles et scribes, et c'est le souverain sacrificateur qui l'a présidé. Il administrait la justice dans des affaires civiles et religieuses.

Les **Zélotes** ont formé un groupe de résistance politique contre l'Empire romain. Ils étaient principalement responsables de la rébellion qui conduirait à la destruction de Jérusalem en 70 après JC.. Il est très probable que l'un des disciples de Jésus était un zélote (Luc 6:15). Les **Hérodiens** étaient un groupe politique qui favorisait le roi Hérode. L'alliance de ceux-ci et celle des pharisiens pour atteindre l'objectif de détruire Jésus peuvent être vues dans l'histoire racontée dans les évangiles.

Les **Esséniens** formaient une communauté ascétique, qui était très stricte dans ses règles et règlements. Ils pratiquaient le déni volontaire des plaisirs tels que manger, se reposer, se réconforter, avoir le sexe, entre autres. Ils étaient très sévères dans leur conduite: ils ne suscitaient pas de colère, ils gardaient le sabbat très rigide, et ils faisaient très attention à leur hygiène personnelle. Ils ressemblaient aux Pharisiens dans leur stricte adhésion à la loi.

Le monde gréco-romain et la diffusion du christianisme

Le scénario mondial du siècle a été la clé pour l'expansion de l'évangile.

La civilisation du premier siècle est dite gréco-romaine parce qu'elle était principalement influencée par la culture grecque et romaine. Les idées et les coutumes des peuples conquis se sont peu à peu disparaissent et au lieu de cela, ils s'adaptent aux mœurs et coutumes de la Grèce et Rome. Même les Juifs de Palestine - malgré leur grand zèle pour les enseignements de leurs parents, ils avaient adopté la pensée philosophique grecque et des nouveaux styles de vie.

Bien que les Romains aient établi les principes politiques et administratifs de l'empire, les Grecs étaient le moule de la vie intellectuelle, car la culture grecque dominait tout le monde civilisé. En d'autres termes, le monde appartenait à Rome politiquement parlant, mais c'était grec culturellement et la religion était polythéiste (les gens pouvaient choisir entre une variété de dieux grecs, culte de l'empereur et religions orientales.

L'Empire romain et ses avantages pour l'expansion du christianisme

- Vitesse pour la communication - *L'actualité, ils ont voyagé rapidement à travers l'empire tout entier.*
- Routes et itinéraires commercial - *On pourrait voyager facilement à des différentes régions. Voyager par le moyen de l'empire était sûr.*
- Grandes villes ou centre-ville – *Stratégiquement, Paul a choisi les villes les plus grandes pour commencer les églises, d'où le mot s'est propagé aux petites villes.*
- Le commerce a prospéré et les réalisations ont été appréciées par tous. - *Il y avait certaines prospérités économiques qui ont donné le temps aux citoyens de réfléchir aux choses spirituelles.*
- Rome a adopté la culture et la philosophie grecque. La culture grecque était la puissance intellectuelle de majeure influence sur l'histoire du monde - *Il a été établi grec comme langue universelle qui a facilité la diffusion des enseignements de Jésus qui est le Christ.*
- Le polythéisme ne pouvait pas satisfaire les besoins de la spiritualité des gens. L'influence des religions orientales avec leurs spiritualités de nourrir la faim des gens pour rencontrer le vrai Dieu. - *Le christianisme a profité ce besoin profond de savoir la vérité qu'il y avait chez les colons de l'empire.*

QU'AVONS-NOUS APPRIS?

Dieu a envoyé son Fils au temps historique propice, afin de donner du témoignage à Israël avant sa destruction en 70 après JC. C. et de fonder l'Église chrétienne. L'Empire romain au 1er siècle a fourni un contexte d'opportunité pour la diffusion du message du salut dans tout l'Empire romain.

Leçon 5 - Introduction au Nouveau Testament

Des Activités

INSTRUCTIONS:

1. Quel était le point positif que la captivité babylonienne a laissé le peuple d'Israël?
   _____
   _____
   _____

2. Quelle était la condition spirituelle du peuple juif au moment de la naissance de Jésus qui est le Christ?
   _____
   _____
   _____

3. À votre avis, comment les leaders religieux d'Israël remplissaient-ils leur rôle?
   _____
   _____
   _____

4. En groupes de trois ou quatre, identifiez les aspects de l'Empire romain qui ont favorisé l'expansion du christianisme et trouver les similitudes avec le monde globalisé actuel.

Monde de l'Empire romain 1er siècle	Monde au 21ème siècle

5. Dans les mêmes groupes, répondez: a) Est-ce que ce sera aussi une période d'opportunités de propagation de l'évangile? b) De quelles opportunités l'église du 21ème siècle devrait-elle profiter?
   _____
   _____
   _____
   _____
   _____

Leçon 6

LES ÉVANGILES ET LES ACTES

Les Objectifs

- Connaître les aspects généraux des Évangiles et Actes.
- Identifier le but principal de chaque livre.
- Valoriser leur message des livres pour aujourd'hui.

Les Idées Principales

- Les quatre évangiles racontent la vie et les enseignements de Jésus qui est le Christ et les Actes, l'histoire des premiers chrétiens.
- Matthieu, Marc et Luc sont appelés "évangiles synoptiques", parce que leurs histoires ont un ordre similaire.

Les trois premiers des évangiles sont connus comme les "synoptiques".

Introduction

Les trois premiers évangiles sont appelés synoptiques, car ils fournissent un synopsis (ou synthèse) et suivre le même schéma dans la narration des événements. Certains sont d'avis que les similitudes sont dues à Luc et Matthieu utilisé comme source commune l'Évangile de Marc, qui fut le premier à être écrit. L'Evangile de Jean est organisé selon un schéma différent de celui des trois autres.

Quelles sont les différences entre les synoptiques et l'évangile de Jean?

- Les synoptiques sont destinés à raconter l'histoire aux incroyants à des fins d'évangélisation. Au lieu de cela, Jean écrit pour édifier des églises chrétiennes.
- Dans les synoptiques, le ministère de Jésus est décrit plus en détail en Galilée ; mais Jean se concentre davantage sur son ministère en Judée.
- Dans les trois premiers, on en dit plus sur la vie publique de Jésus qui est le Christ; mais Jean parle davantage de sa vie privée.
- Dans les Synoptiques, il s'impressionne l'humanité réelle et parfaite du Christ; dans le quatrième, sa divinité imposante et authentique se révèle.

Pourquoi quatre évangiles ?

Des possibles raisons pour quatre évangiles.

Premièrement, chacun des évangélistes écrit aux groupes de personnes différentes. Matthieu écrit aux Juifs, c'est pourquoi il présente Jésus dans son Évangile en tant que Messie. Marc écrit aux Romains, un peuple dont l'idéal était la puissance et le service, il présente donc le Christ comme puissant conquérant. Luc a écrit pour les Grecs, dont l'idéal était l'homme parfait, c'est pourquoi il présente le Christ comme l'expression de cet idéal. Jean a à l'esprit les besoins des chrétiens de toutes les nations, alors il écrit à l'église et présente les vérités les plus profondes de l'évangile.

Deuxièmement, un seul évangile n'aurait pas suffi pour présenter les nombreux aspects de la personne du Christ. Troisièmement, les évangélistes ont écrit leurs annales à partir de leurs différents points de vue. Cela explique les différences entre leurs histoires, les omissions et les détails additionnels que certains d'entre eux fournissent, leurs apparentes "contradictions" occasionnelles et des différences dans l'ordre chronologique des événements.

Enfin, ces écrivains ne cherchaient pas à écrire une biographie complète au sujet du Christ, mais sa motivation était de répondre aux besoins du peuple pour laquelle ils ont écrit. C'est pourquoi ils ont choisi ces incidents et enseignements qui mettraient l'accent sur la vérité qu'ils cherchaient à transmettre à propos de Jésus qui est le Christ. Par exemple, Matthieu a écrit pour les Juifs, donc la sélection des événements vise à souligner le fait de la mission messianique de Jésus le Christ.

Aspects littéraires des évangiles

Les auteurs, les destinataires et le but.

Quand on parle des aspects littéraires des différents des livres de la Bible, nous nous référons à des questions qui ont à voir avec la paternité, la date, le lieu où il a été écrit, les destinataires, le but de l'auteur, entre autres. Connaître ces données contribue à une meilleure compréhension de chaque livre.

Matthieu, est l'évangile qui présente Jésus comme le Roi Messie. Son auteur, Matthieu avait été collecteur d'impôts sous le gouvernement romain. La tradition dit que Matthieu a prêché quelques années en Palestine puis, il a visité des autres pays. Le livre est daté entre 60 et 70 après JC.

Les destinataires sont les Juifs. Matthieu connaissant son grand espère, expose Jésus comme le Messie dont ils avaient anticipé la venue les prophètes d'Israël. La prophétie de l'Ancien Testament se termine par la promesse d'un roi à venir en Israël. Le but de son évangile est de montrer que Jésus était ce roi, mais que les Juifs l'ont rejeté, et comme conséquence, eux aussi ont été rejetés de leur position et en faveur divin. Il utilise un grand nombre de citations de l'Ancien Testament (environ 60) pour l'éprouver.

Marc présente Jésus qui est le Christ comme le puissant conquérant dans son évangile. Marc était le fils de Marie, une femme de Jérusalem, dont la maison était ouverte pour les chrétiens (Actes 12:12). Il a accompagné Paul et Barnabas dans le premier voyage missionnaire, mais retourna ensuite à Jérusalem. Cela ne lui a pas semblé bien à Paul qui a refusé plus tard de le reprendre et pour cela Barnabas, se sépara de Paul et l'emmena avec lui à Chypre (Actes 15: 36-41). Marc avait du succès dans son ministère lorsque Pierre fait mention de lui (1 Pierre 5:13), et Paul a changé d'opinion concernant Marc (2 Timothée 4:11). Le témoignage des Pères de l'Église disent que Marc a accompagné Pierre à Rome comme son interprète, et qui a compilé cet évangile de la prédication de Pierre.

Le livre a été écrit entre 60 et 70 après JC. Pour les Romains, un peuple fier, qui se vantait de la puissance de ses armées. Marc donne une importance particulière aux miracles de Jésus en tant que manifestation de son pouvoir surhumain. Il présente les œuvres du Christ, en tant que rédempteur de l'humanité envoyée du Père, pour que l'humanité croie dans l'unique et vrai

Contenu de Matthieu:
1. L'arrivée du Messie (1:1 à 4:11).
2. Le ministère du Messie (4:12 à 16:12).
3. La revendication du Messie (16:13 à 23:39).
4. Le sacrifice du Messie (24 à 27).
5. Le triomphe du Messie (28).

Contenu de Marc:
1. La venue du grand conquérant (1 à 2:12).
2. Le conflit du roi puissant (2:13 à 8:21).
3. Son droit au royaume de la puissance (8:31 à 13:37).
4. Préparation de l'établissement du Royaume (14 à 15:47).
5. Jésus et son royaume spirituel (16).

Contenu de Luc:
1. Introduction (1:1-4).
2. L'Arrivée de l'homme divin (1:5 à 4:13).
3. Ministère en Galilée (4:14 à 9:50).
4. Ministère en Pérée (9:51 à 19:28).
5. Crucifixion et résurrection (19:29 à 24:53).

Contenu de Jean:
1. Préface (1:1-18).
2. La révélation du Christ au monde (1:19 à 6:71).
3. Le rejet du Christ (7:1 à 12:50).
4. La manifestation du Christ à ses disciples (13 à 17).
5. L'humiliation et glorification du Christ (18 à 21)

Leçon 6 - Les Évangiles et Les Actes

Dieu. Dans son évangile, il prouve que Jésus n'est pas venu seulement pour les Juifs, mais pour les peuples de toutes les nations.

Luc dans son évangile présente Jésus comme l'homme parfait et divin. Luc était le médecin grec de Paul. Les écrivains chrétiens des premiers siècles disent que cet évangile était en substance le même que lui et Paul avaient prêché parmi les Grecs et qu'il a été distribué aux Grecs en 63 après JC. Les Grecs étaient obsédés par la perfection de l'être humain sur les plans moral, intellectuel et physique. Luc présente Jésus comme l'homme idéal, parfait et universel. Dans son livre, il montre que Jésus est venu sauver les hommes du péché par sa mort.

L'Évangile de **Jean** présente Jésus comme le Fils de Dieu. Le livre est daté de l'an 90. Jean expose dans son évangile les vérités les plus profondes qu'il a apprises en tant que proche disciple de Jésus qui est le Christ. Il écrit pour les chrétiens de tout l'empire, qui aspiraient à connaître les vérités les plus profondes de l'Évangile. Il présente le Christ comme le Verbe incarné, le Fils de Dieu (Jean 20:31). Contrairement aux Synoptiques qui racontent l'histoire de Jésus de manière objective, Jean fournit une interprétation spirituelle.

Evans (1990, p. 97) fournit un résumé comparatif de l'approche de chacun des quatre évangiles:

Évangile	Écrit Au	Preuve	Registre Spécialement	Pensée Centrale	Parole Promise
Matthieu-Roi	Juifs	Jésus le Messie Roi	Discours	Royal	Accomplie
Marc-Serviteur	Romains	Jésus est le Serviteur de Dieu	Miracles	Service	Immédiatement
Luc-Homme	Grec	Jésus est le Fils de l'Homme parfait	Paraboles	Humanité	Compassion
Jean-Dieu	Chrétiens	Jésus le Fils de Dieu	Discours	Divinité	Croire

> *La monnaie du temple:*
> *Au temps de Jésus le Christ, les gens avaient besoin de changer de l'argent parce que dans le Temple, cela n'a pas été accepté de l'offrande, ni acheter des animaux à sacrifier en devises étrangères. Les changeurs d'argent ont arnaqué les gens qui sont venus adorer avec le taux d'échange qu'ils ont donné. Jésus a renié ces marchands juifs, qui en complicité avec le sacerdoce du temps, ils sont devenus riches en profitant le besoin spirituel des gens.*

La vie de Jésus

Jésus est venu accomplir la mission confiée par son Père.

Jésus est né avant la mort du roi Hérode, survenue en 4 av. JC., et près de l'époque du recensement ordonné par César Augusto, entre les années 7 à 4 avant JC On peut alors affirmer que Jésus est né entre l'an 4 et l'an 5 avant JC et non en l'an 1 de notre ère. La différence est parce qu'il était jusqu'à 600 ans après la naissance de Jésus que l'histoire a commencé à raconter les jours après cet événement. Dionysius Exiguus, avec les données qu'il avait à l'époque compté à rebours et corrigé ce qu'il croyait être la date exacte. Sur la base de leurs calculs, le calendrier chrétien a été établi que nous utilisons encore aujourd'hui. Ce n'est que des siècles plus tard que la date a été recalculée et l'erreur a été découverte, mais il était déjà impossible de changer l'année civile.

Dans la petite enfance de Jésus, ses parents Joseph et Marie ont dû fuir en Egypte pour lui sauver la vie. Lorsque le danger est passé, ils sont revenus et ils s'installèrent à Nazareth. De là, il n'y a plus de traces de son enfance à l'exception de l'incident dans le temple (Luc 2:41-52) bien que Luc 2:52 dit: "Et Jésus grandit en sagesse et en stature et en grâce auprès de Dieu et des hommes"(VLS 1910).

Le ministère de Jésus commence lorsqu'il apparaît devant Jean-Baptiste dans le Jourdain pour se faire baptiser. Puis il fut emporté par le Saint-Esprit au désert. Matthieu 4:1-11, Marc 1:12-13 et Luc 4:1-13 présentent le dialogue dramatique entre Jésus et Satan dans le désert où Jésus rejette résolument trois propositions diaboliques, citant le livre du Deutéronome (6:13,16 et 8:3). Après son retour, il appela les premiers disciples (Jean 1:35-51), accomplit divers miracles en Galilée et à Jérusalem (Jean 2 et 3), puis Il mène à la Samarie (Jean 4:1-42).

Alors que Jean-Baptiste était emprisonné, Jésus commença en Galilée un vaste ministère d'enseignement et de nombreuses guérisons miraculeuses et par conséquent rapidement gagné en popularité. Son message était d'annoncer que le Royaume de Dieu était arrivé et était proche du peuple (Marc 1:14). Afin de faire partie de ce royaume, on devait se repentir du péché, ce qui n'était pas volontiers accepté par tous. Dans la synagogue de Nazareth, par exemple, les mêmes voisins le chassèrent de la ville (Luc 4:16-30) et le forcèrent à déplacer leur base à Capharnaüm. De là, Jésus a dirigé son ministère dans toutes les parties de la Galilée pendant plus d'un an (Marc 1:14-6:34; Jean 4:46-54), montrant sa puissance sur la nature (Marc 4:35-41; 6:34-51), sur les démons (Luc 8:26-39; 9:37-45), maladie (Matthieu 8:1-17; 9:1-8), et même à la mort (Matthieu 9:18-26; Luc 7:11-17).

Le Sermon sur la montagne (Matthieu 5-7) est une bonne compilation de la doctrine qu'il a enseignée. Dans ce sermon, Jésus prétendait avoir l'autorité complète pour l'interprétation de l'Ancien Testament. Il a également révélé son amour et compassion pour les affligés et les opprimés (Matthieu 9:1-8, 18-22; Luc 8:43-48). À plusieurs reprises, il déclara qu'il était venu chercher et sauver les perdus, et exerça son autorité divine pour pardonner les péchés. (Luc 5:20-26).

Concernant la préparation des disciples, Jésus a appelé et choisi douze personnes (Matthieu 10:1-4) et a passé du temps à les préparer à être ses apôtres. Il a utilisé diverses techniques d'enseignement telles que les paraboles, les discours, enseignements directs et son exemple personnel continu.

Jésus a dû faire face à des ennemis tandis que son ministère se développe. L'opposition des dirigeants et des maîtres religieux des Juifs qui ont grandi rapidement (Luc 14:1). Leur souhait était de trouver de la faute à Jésus pour l'accuser, nuire à sa réputation face à la foules qui le suivaient et le livrent aux autorités romaines pour être exécuté (Matthieu 19).

Repas de Pâques:
La nourriture qui a été faite dans la semaine de la fête de Pâques, qui se composait d'agneau rôti, herbes amères et du pain sans levain et du jus de raisin, commémorant la délivrance d'Israël d'Egypte. Cela a été le dernier repas de Jésus qui est le Christ avec ses disciples et là il a établi le Sacrement de la Cène du Seigneur.

Leçon 6 - Les Évangiles et Les Actes

> **Fête de la Pentecôte:**
> *Célébration qui se réalise dans les cinquante jours après la Pâques et s'est terminé par le jour de la Pentecôte. On a commémoré la date quand Israël a reçu la loi de Moïse dans le désert, cinquante jours après ayant quitté l'Egypte.*

> *La prophétie de Jésus Matthieu 24 et 25 sur la destruction de Jérusalem, il a été accompli en l'an 70 ap.JC., lorsque le général romain Tite a balayé la ville.*

Dans la dernière semaine avant d'être crucifié, Jésus est entré en tant que Messie attendit à Jérusalem et fut acclamé par la foule (Marc 11:1-10). Il alla au Temple et chassa ceux qui échangeaient de l'argent et vendaient animaux pour les sacrifices, utilisant son autorité en tant que Messie. Dans les jours suivants, il se consacre à l'enseignement au Temple et prépare ses disciples pour sa mort et sa résurrection. Il a également prophétisé sur la triste fin qu'attendaient la ville de Jérusalem et ses habitants et sur les signes de leur seconde venue comme Roi des rois et Seigneur des seigneurs (Matthieu 24 et 25).

Avant d'être arrêté, Jésus lava les pieds de ses disciples (Jean 13:1-17) et annonça que Judas le trahirait (Marc 14:18-21). Cette nuit-là, il institua la Cène du Seigneur (Marc 14:22-25) et a partagé divers enseignements avec eux (Jean 13-17). Après la Cène, ils s'installèrent au Jardin de Gethsémani, où Jésus a eu une lutte atroce dans la prière, et s'est livré sans réserve à la volonté de son Père. Puis il s'est laissé arrêter et a volontairement souffert des mauvais traitements, condamnation injustifiée devant le Sanhédrin et crucifixion. Ce supplice, culmina sur la croix, après plusieurs heures d'agonie (Marc 15:34).

C'était la mission pour laquelle il était venu, "donner sa vie en rançon pour beaucoup" (Marc 10:45), afin qu'il puisse se livrer entre les mains de Dieu, sachant que l'œuvre que son Père lui avait confiée était achevée (Luc 23:46; Jean 19:30). Des amis descendirent son corps de la croix et ils l'ont enterré. Le troisième jour, très tôt le dimanche, des femmes sont allées au tombeau et le trouva vide (Marc 16).

Ce même jour, Jésus est apparu vivant à plusieurs de ses disciples, leur donnant la preuve de sa résurrection (Matthieu 29:9-10; Luc 24:13-31; Jean 20:11-21:22). Quarante jours se sont écoulés au cours desquels Jésus leur est apparu une fois et à nouveau, en particulier à ses disciples, pour leur donner de nouveaux enseignements sur l'interprétation correcte de l'Ancien Testament, la venue de l'Esprit Saint, la mission mondiale et ainsi les préparer à servir de leaders spiritualité dans la nouvelle église (Luc 24:51; Actes 1:9-11). Des jours après de l'ascension de Jésus, le Saint-Esprit a rempli le cœur des 120 disciples réunis le jour de la fête de la Pentecôte et du ministère de l'Église chrétienne.

Les Actes des apôtres

L'histoire des premiers chrétiens nous fournit un modèle digne d'être imité.

Ce livre raconte l'expansion de l'Église de Jérusalem à Rome, la capitale de l'empire. Il parle en grande partie du ministère de Pierre et de Paul et surtout de ce dernier, qui a effectué trois voyages missionnaires, établissant des églises dans presque toutes les provinces du pourtour méditerranéen.

Luc est l'auteur, probablement en 63 après JC, deux ans après l'emprisonnement de Paul à Rome. Dans son livre, il raconte l'histoire de l'établissement et de la croissance de l'Église chrétienne et de la proclamation de la bonne nouvelle de l'Évangile au monde alors connu. Son but est de montrer comment l'église qui avait été fondée par le Christ s'est développée dans les premiers stades de son histoire guidée par le Saint-Esprit. Le livre - qui expose la nature, les principes et les buts de l'Église - a été écrit en particulier à Théophile, un frère chrétien, mais généralement pour toute l'Église.

Contenu des Actes
1. L'église de Jérusalem (1 à 8:4).
2. L'église en Palestine et en Syrie (8:5 à 12:23).
3. L'église des Gentils (12:24 à 21:17).
4. Les scènes finales de la vie de Paul (21:18 à 28:31)

Les événements de la vie de Jésus le Christ dans les quatre évangiles

Evangiles	Matthieu	Marc	Luc	Jean
Existence pré-incarnée de Jésus				1:1-3
Sa naissance et son enfance	1,2		1,2	
Jean-Baptiste	3:1-12	1:1-8	3:1-20	1:6-42
Le baptême de Jésus	3:13-17	1:9-11	3:21-22	
Tentation	4:1-11	1:12-13	4:1-13	
Le miracle préliminaire				2:1-11
Premier ministère en Judée (environ 8 mois).				2:13 à 4:3
Visite en Samarie				4:4 - 42
Ministère en Galilée (près de 2 ans).	4:12 à 19:1	1:14 à 10:1	4:14 à 9:51	4:43-54 et 6:1-7:1
Ministère en Pérée et en Judée (Environ 4 mois).	19 et 20		9:51 à 19:28	7:2 à 11:57
La dernière semaine	21-27	11-15	19:29 à 24:1	12-19
Après la résurrection	28	16	24	20-21

Qu'avons-nous Appris?

Les quatre évangiles donnent le témoignage de quatre personnes avec un accent différent sur la vie et ministère de Jésus le Christ. Le livre des Actes contient l'histoire des premiers chrétiens et la propagation du christianisme par le ministère des apôtres, en particulier de Paul.

Leçon 6 - Les Évangiles et Les Actes

Des Activités

INSTRUCTIONS:

1. Pourquoi les trois premiers évangiles sont-ils appelés synoptiques?
   _____
   _____

2. Décrivez dans vos propres mots les avantages d'avoir quatre évangiles.
   _____
   _____

3. Quel est votre passage préféré dans les Evangiles et pourquoi est-il si important pour vous? Après avoir répondu, trouvez un autre élève pour partager votre réponse.
   _____
   _____

4. En groupes de 3-4, lisez Actes 2: 43-47. Remplissez le tableau ci-dessous. Faites une liste des caractéristiques qui décrivent le style de vie de cette église exemplaire, puis évaluent le style de vie des personnes de leurs églises en utilisant le tableau suivant:

   1-4 faible / 5-7 médiocre / 8-9 assez bon / 10 excellent

Style de vie d'une église exemplaire	Évaluation de mon église locale.

5. Dans les mêmes groupes, procurez des idées qui pourraient améliorer dans votre église les aspects dans lesquels elle est devenue faible et médiocre.
   _____
   _____
   _____

Leçon 7

LES ÉPÎTRES DE PAUL

Les Objectifs

- Connaître le contenu général des épîtres de Paul.
- Identifier les aspects généraux de chacun.
- Reconnaître l'importance de ses enseignements aujourd'hui.

Les Idées Principales

- L'apôtre Paul était un pharisien converti au christianisme, appelé comme missionnaire auprès des Gentils.
- Ses lettres nous donnent des conseils pratiques pour la vie chrétienne.
- Les lettres à Timothée et Tite contiennent des instructions pour les pasteurs.

Paul: Il s'appelait Saul de Tarse. Il est né dans la ville de Tarse, dans la province de Cilicie (aujourd'hui Turquie) entre 5 et 10 après JC, il avait un âge semblable à celui de Jésus le Christ. Paul a reçu la meilleure de l'éducation d'un juif de son époque, également formée dans la culture grecque. Il était pharisien, citoyen romain et il a parlé plusieurs langues, ce qui l'a permis d'apporter l'évangile dans tout l'empire romain. Il a été emprisonné et a été tué en Rome en l'an 65.

Gentil: Terme utilisé par les hébreux auxquels se réfère a une personne qui n'était pas de la race juive.

Introduction

Qui était Paul? Auparavant, Paul était connu sous le nom de Saul de Tarse. Il est né entre l'an 5 et 10 après JC. à Tarse de Cilicie, sur la côte sud de l'Asie Mineure (actuelle Turquie) d'une famille juive de la tribu de Benjamin (Romains 11:1; Philippiens 3:5). Durant son adolescence, il étudia aux pieds du célèbre maître Gamaliel (Actes 22:3). Après la mort de Jésus qui est le Christ, vers l'an 33 d. C., Saul était un persécuteur actif des communautés de disciples, suivant les ordres des chefs juifs. En fait, il a participé et approuvé l'exécution d'Etienne (Actes 7).

En 36 ap. J.-C., selon le livre des Actes et son propre témoignage dans les épîtres, lorsqu'il était sur la route de Damas, persécutant les chrétiens, Jésus qui est le Christ lui est apparu et il s'est converti au christianisme. Plus tard, il s'était baptisé et à partir de ce moment, Paul devient un fidèle disciple du Christ et prédicateur de l'Evangile. Il a été appelé "l'apôtre des Gentils" cela veut dire, les non-juifs. Il a voyagé en tant que missionnaire établissant des congrégations pour la Grèce, l'Asie Mineure, la Syrie, la Palestine et il a écrit des lettres à ces églises.

Il a fait trois voyages missionnaires: dans le premier, il a évangélisé les peuples autour de la Cilicie, dans la seconde il a parcouru les villes de Grèce, surtout Athènes et Corinthe, et dans le troisième, toujours en Grèce, il s'est concentré à Ephèse. Au temps de l'empereur Néron, Paul fut emmené à Rome, où il a profité de son emprisonnement dans une maison louée pour partager des enseignements et consolider l'église dans cette ville. Il a été libéré mais, ils l'ont arrêté à nouveau quelque temps plus tard et il a été martyrisé.

Ses lettres sont reconnues comme des épîtres pauliniennes, parce qu'elles étaient écrites par l'apôtre Paul. Chacune d'elles s'adresse à une église en particulier ou à une personne, comme dans le cas de la lettre à Philémon. Elles étaient écrites au cours du premier siècle et leur but était d'exhorter les chrétiens des églises qu'il a fondées au cours de ses voyages missionnaires. La raison de ces lettres était d'instruire les croyants sur diverses questions doctrinales, sur le style de vie du chrétien dans le monde et sur l'organisation et l'administration des ministères au sein de l'église.

Classification des épîtres (lettres) de Paul:

Eschatologiques	Sotériologique	Ecclesiological	Pastoral
I Thessaloniciens	Galates	Éphésiens	1 Timothée
II Thessaloniciens	I Corinthiens	Colossiens	2 Timothée
	II Corinthiens	Philémon	Tite
	Romains	Philippiens	
Écrites dans le troisième voyage missionnaire	*Écrites dans le troisième voyage missionnaire.*	*Écrites de la prison à Rome*	*Écrites aux collaborateurs de Paul.*

Cilicie: Province romaine d'Asie Mineur située dans cette région appelée aujourd'hui la Turquie. À la place de la naissance de Paul où il a évangélisé peu de temps après sa conversion et formé l'un des premières communautés chrétiennes (Galates 1:21).

Date et contenu des lettres de Paul

Dans le Nouveau Testament, il y a treize lettres de Paul.

Romains: Le thème central de la lettre est la justification par la foi et la sanctification par le Saint-Esprit.

Date et lieu: Entre janvier et mars de l'année 58-59. Elle a été écrite en Corinthe, adressée à un homme nommé Terce.

Objectif: Paul montre que tous les hommes, Juifs et Gentils, ils sont condamnés pour leurs péchés ; enseigne que le salut est par la foi et travaillé par la grâce de Dieu et non par la loi ou les œuvres. Expliquer comment la grâce de Dieu suffit pour amener chaque pécheur à être un enfant de Dieu et vivre dans la sainteté. Il fournit également un guide pour la vie chrétienne.

1 Corinthiens: Le thème central est la conduite chrétienne par rapport à l'église, la maison et le monde.

Date et lieu: Probablement entre l'an 54 et 57. A Ephèse, alors, selon Actes 20:31, Paul y a vécu pendant trois ans. Elle a été écrite à l'église de Corinthe.

Objectif: Guider l'église au milieu de la situation difficile dans laquelle elle se trouvait; emportée par l'adhésion personnelle fanatique de Paul, des autres à Pierre et des autres à Apollos, ce qui a gravement mis en danger l'unité de l'église. De plus, Paul affronte le problème de ces frères qui ont continué à participer à des rituels à des autres dieux et dans les coutumes corrompues des habitants de cette ville, amenant l'immoralité au sein de l'église, ce qui exigeait immédiatement une correction.

La lettre enseigne que les chrétiens constituent l'église qui est le corps du Christ, et devrait donc s'abstenir de pratiquer le péché de la société dans laquelle ils vivent, en se séparant de tout ce qui nuit ou pollue. Il clarifie également deux questions: que les dons reçus de l'Esprit sont donnés pour l'édification de l'Église ; et que la résurrection après la mort, elle est garantie pour les enfants de Dieu.

Contenu de Romains:
1. Aspects doctrinaux (1:16-11:36).
2. Exhortations (12:1-15:13)

Contenu de 1 Corinthiens:
1. Correction des troubles morales et sociales (1-8).
2. Autorité apostolique (9).
3. Ordre dans l'église (10-14).
4. La résurrection (15).
5. Conclusion (16)

Corinthe: Ville et port commerciale très riche de la Grèce. Il y avait beaucoup de commerçants, artisans et fonctionnaires romains et les deux tiers de sa population étaient des esclaves. Corinthe avait eu un mélange de cultures et une multitude de temples et autels à différents dieux. Dans le sanctuaire de la déesse Aphrodite il y avait plus de mille prostituées "sacrées" avec qui les hommes de la ville et les visiteurs se rapportaient. C'était une ville très célèbre pour ses vices et ses péchés.

2 Corinthiens: Le thème principal de cette lettre est de témoigner le ministère fidèle de Paul en tant qu'apôtre, ses motivations, son dévouement et ses souffrances pour l'amour de l'Evangile.

Date et lieu: Après avoir envoyé sa première lettre aux Corinthiens, Paul envoya Timothée puis Tite pour effectuer certaines réformes, et d'être informés de l'effet de sa lettre. Quand Paul est sorti d'Éphèse et vint en Macédoine, Tite vint à sa rencontre avec un rapport encourageant sur la conduite des Corinthiens. C'est alors que Paul leur écrivit cette seconde épître probablement entre l'an 54 et l'an 57, peut-être de la ville de Philippes ou d'Éphèse, où Paul a vécu trois ans (Actes 20:31).

Objectif: La lettre montre qu'il ne peut y avoir de communion entre l'église et le monde et souligne le fait que l'église est la création du Saint-Esprit. Elle a été écrite dans un double objectif: réconforter certains qui avaient été attristés par le contenu de la première lettre, et de défendre son autorité et son caractère apostoliques devant ceux qui le critiquaient.

Galates: Le thème central de la lettre est la défense de la doctrine de la justification par la foi. Certains croyants doutaient et voulaient retourner à la religion juive. Le salut dans le judaïsme dépendait de l'obéissance à la loi de Moïse. Ce n'était plus selon l'enseignement de Jésus le Christ. L'obéissance à la loi de Moïse ne sauve pas et ne donne pas la vie éternelle. Le salut ne s'obtient que par la foi en Jésus le Christ. Il n'y avait plus besoin de pratiquer de la circoncision ou faire des sacrifices des animaux pour se faire pardonner le péché ou garder la multitude de lois pharisaïques.

Date et lieu: Ecrite entre l'an 48 et l'an 50 d'Antioche à ceux de l'église en Galatie.

Objectif: Cette lettre présente le conflit entre le judaïsme et le christianisme. Paul réfute l'enseignement des enseignants du judaïsme qui a guidé les chrétiens à retourner à "l'esclavage des lois pharisaïques" et se conformer à toutes ses exigences, comme celle de se faire circoncire. Paul affirme que revivre ainsi, c'est nier la liberté que nous avons en Christ. La lettre enseigne que le chrétien est pardonné et reçu comme un enfant de Dieu par la foi, non en accomplissant certaines règles de conduite. Le Saint-Esprit leur avait donné une nouvelle vie (spirituelle), les rituels de l'Ancien Testament n'étaient donc plus nécessaires, mais doit maintenant vivre dans la sainteté comme le Christ.

Ephésiens: Le thème est l'unité de l'église et le dessein de Dieu pour elle.

Date et lieu: Écrite à Rome en 60-64 après JC. C.

Objectif: Enseigner l'unité de l'église, en particulier parmi les croyants juifs et païens. Dieu avait déterminé que les païens aient été adoptés comme ses enfants, tout comme les Juifs. Ils jouissaient maintenant des mêmes bénédictions en Christ et formaient tous deux un seulement des gens, le peuple de Dieu.

L'unité de l'Église en tant que Corps du Christ est le thème principal de cette lettre, dans laquelle deux sections sont reconnues: la doctrinale, où met

---

Philippes: Grande ville importante de Macédoine, sur la route qui reliait l'est et l'ouest. Elle était très célèbre pour ses mines d'or.

Contenu de 2 Corinthiens:
1. Un regard en arrière (1:1-2:13).
2. Dignité et efficacité du ministère de Paul (2:14 - 7:1-16).
3. La collecte de l'offrande (8 et 9).
4. La défense par Paul de son apostolat (10:1-13:14)

Contenu aux Galates:
1. L'apôtre de la liberté (1-2).
2. La doctrine de la liberté (3-4).
3. La vie de liberté (5-6).

Ephèse: Ville plus importante de la province Romaine d'Asie, située dans ce que l'on sait aujourd'hui comme la Turquie. C'était un port très important.

l'accent sur les bénédictions spirituelles et l'église universelle (1-3) et une section pratique où Paul enseigne comment l'église doit marcher (4-6).

Philippiens: Le thème central est la joie de vivre et le service chrétien, manifeste en toutes circonstances.

Date et lieu: Écrite à Rome, 60-64 après JC., proche de la date de martyre de Paul.

Objectif: Paul exprime sa gratitude pour l'amour des frères de Philippes envers lui et pour l'offrande qu'ils lui ont envoyée. Dans cette lettre, il enseigne que ceux qui sont chrétiens doivent afficher un caractère semblable à celui du Christ - même au milieu de la souffrance, qui avec humilité et sacrifice volontaire, il s'est livré pour nous.

Colossiens: Le thème est de contrecarrer certains enseignements faux et dangereux.

Date et lieu: Écrite à Rome entre 60-64 après JC., et a été dirigée vers l'église de Colosses, en Asie Mineure.

Objectif: Cette lettre réfute les erreurs doctrinales qui ont découlé du mélange de l'enseignement du judaïsme avec les religions orientales et les idées qui, plus tard au IIe siècle, donneront naissance au gnosticisme, l'un des plus grandes hérésies auxquelles l'église a été confrontée dans son histoire. Dans ses enseignements, il a affirmé que pour être sauvé, il fallait une connaissance supérieure secrètement révélé à un cercle privilégié et qu'il fallait une vie rigoureuse d'abstention des plaisirs de la chair, parce que la matière est mauvaise et opposée à l'esprit. Un trait caractéristique de ces enseignements était l'adoration des anges (2:18), car on croyait que les anges pourraient libérer les gens des limitations de leur corps matériel et pécheur.

1 Thessaloniciens: Le thème est la seconde venue du Christ par rapport à l'encouragement, réconfort, vigilance et sanctification du croyant.

Date et lieu: Écrite en l'an 51 de notre ère, et envoyée de Corinthe à Thessalonique.

Objectif: C'est une lettre personnelle où Paul essaie d'encourager et rassurer les chrétiens de Thessalonique de rendre grâce à Dieu pour les bonnes nouvelles venant d'eux et les rappeler son prochaine visite. Il les encourage à vivre d'une manière qui plaît à Dieu. Répondre aux préoccupations d'eux concernant la venue du Seigneur comme étant, quand reviendra-t-il? Que deviendront les chrétiens morts avant sa venue? Il se termine par des instructions pratiques, une prière et des salutations.

2 Thessaloniciens: Le thème central est la seconde venue du Seigneur dans sa relation avec les croyants persécutés, les pécheurs impénitents et église apostate.

Date et lieu: Écrite en 51-52 après J.-C., et envoyée de Corinthe à Thessalonique.

Objectif: Il est évident que certaines expressions de la première lettre de Paul à cette église avaient été mal interprétées. Lorsqu'il avait évoqué

Contenu des Ephésiens:
1. Appel de l'Église (1-3).
2. La façon de se comporter l'église (4-6).

Contenu de Philippiens:
1. Situation et travail de Paul au sein de l'église (1).
2. Exemples d'abnégation (2).
3. Avertissement contre les erreurs (3).
4. Exhortations.

Contenu de Colossiens:
1. Salutations (1:1-12).
2. La vraie doctrine (1:13-2:3).
3. Fausse doctrine (2:4-23).
4. La conduite requise (3:1-4:6).
5. Conclusion (4:7-8)

Apostasie:
Mot grec qui signifie tomber dans la rébellion.
Apostat: personne qui après avoir été chrétien, rejette la foi et laisse revenir le pécher et pratiquer une autre religion.

Crète:
Une grande île dans la mer Méditerranée, la plupart montagneux, SE de Grèce. C'était le pays de l'origine des philistins. Les habitants avaient la renommée de menteurs, de gloutons et infructueux (Tite 1:12).

Colosse: *Ville voisine à Laodicée (aujourd'hui Turquie) d'où viennent plusieurs collaborateurs de Paul et il y avait une communauté chrétienne. Un tremblement de terre le détruit en 65 après JC.*

Contenu de 1 Thessaloniciens:
1. Espoir pour le nouveau-né converti (1).
2. Espoir pour les serviteurs fidèles (2).
3. Espoir de pureté pour le croyant (3:1 à 4:12).
4. Espoir pour les personnes endeuillées (4:13-18).
5. Alerter le chrétien qui est endormi (5)

Contenu de 2 Thessaloniciens:
1. Les croyants persécutés (1:1-7).
2. Les impénitents (1:8-12).
3. L'apostasie (2:1-12).
4. Le service (2:13–3:18)

Contenu de 1 Timothée:
1. La saine doctrine (1).
2. Prière et conseils pour les hommes et les femmes (2).
3. Vigilance spirituelle (3).
4. Fausse doctrine (4).
5. Gestion ministérielle (5).
6. Exhortations finales.

Thessalonique: *Grande ville de la Macédoine (aujourd'hui Grèce) très célèbre pour ses bains des eaux thermales. Situé sur un itinéraire important de commerce et avec une population multiculturelle. Paul y fonda une église lors de son deuxième voyage missionnaire. Actuellement appelée Thessalonique.*

l'incertitude du jour de la venue du Christ, ses paroles avaient été comprises comme s'il avait enseigné que le jour du Seigneur était proche.

Paul écrit pour trois raisons. Premièrement, pour consoler les croyants pendant la persécution. Deuxièmement, pour corriger un faux enseignement concernant le fait que le jour du Seigneur était déjà venu et donc la tribulation ait déjà commencé. Troisièmement, pour avertir certains qui marchaient de manière désordonnée et a refusé de travailler en attendant la venue de la puissance immédiate du Seigneur, ainsi ils profitèrent de la charité de l'église et a exigé que les frères avec plus d'argent les soutiennent.

1 Timothée: Le thème central est de décrire les qualités et les devoirs du pasteur, et ses relations avec l'église, sa famille et la société.

Date et lieu: Écrite probablement entre 63 et 65 après JC, et envoyée de Macédoine à Ephèse pour Timothée.

Objectif: La lettre a été écrite pour enseigner à Timothée son ministère, pour l'encourager et le mettre en garde contre les faux docteurs.

2 Timothée: Le thème est d'exhorter Timothée à rester fidèle à sa vocation et ferme face aux obstacles.

Date et lieu: Écrite entre 67 et 68 après JC, envoyée de Rome à Éphèse. Connaissant que généralement Paul a été emprisonné deux fois à Rome, et c'était la deuxième fois qu'il écrivait cette lettre.

Objectif: Encourager et instruire un jeune pasteur et enseignant dans son œuvre ministériel.

Tite: Le thème est de savoir comment exercer un leadership spirituel sur divers congrégations et la fidélité de la véritable Église du Christ.

Date et lieu: Écrite vers 63-65 après JC, et envoyée de la Grèce ou autre Corinthe en Crète pour Tite, un gentil qui avait accompagné Paul à plusieurs occasions.

Objectif: Cette carte se concentre sur la conduite correcte du leader spirituel qui supervise et dirige le travail de divers pasteurs et de leurs églises. Exhortations à Tite pour instruire le peuple chrétien des vérités de l'évangile pour l'amener à la maturité spirituelle.

Philémon: L'épître à Philémon est un témoignage bref mais puissant, sur la puissance transformatrice de la foi, du pardon et de la liberté en Christ. Cette lettre nous enseigne que la régénération spirituelle produit la justice Sociale.

Date et lieu: Écrite entre 60 et 62 après JC., envoyée de Rome à Colosses pour Philémon.

Objectif: Faire appel au chrétien Philémon en faveur d'Onésime, son esclave voleur et fugitif, qui s'était maintenant converti au christianisme et voulait reconstruire sa vie. Philémon était membre de l'église de Colosse, qui se réunissait probablement chez lui. Paul le supplie de pardonner à son nouveau frère en Christ et de l'accueillir comme tel dans sa maison.

Les thèmes des lettres de Paul

Romains	Le salut est par la foi
1 Corinthiens	Contre les divisions dans l'église
2 Corinthiens	Paul définit son ministère
Galates	Contre le légalisme
Ephésiens	Unité en Christ
Philippiens	Joie au milieu de la souffrance
Colossiens	Nouvelle vie en Christ
1 et 2 Thessaloniciens	La seconde venue du Christ
1 Timothée et 2 Timothée	Conseils pour un jeune pasteur
Tite	Instructions pour les dirigeants en Crète
Philémon	Paul demande à Philémon de recevoir Onésime, un esclave en fuite, comme un frère.

Timothée:
Jeune, père chrétien. Mère grecque et juive, probablement converti lors du premier voyage de Paul à Lystre. Il était un collaborateur de Paul qui avec ou divers tâches: à Thessalonique, en Corinthe et des autres lieux.

Contenu de 2 Timothée:
1. Salutations et exhortation (1).
2. Conseils au jeune serviteur du Seigneur (2).
3. Prédictions d'apostasie et de la corruption sociale (3).
4. Ordonnes définitives (4).

Contenu de Tite:
1. L'organisation et discipline ecclésiastique (1).
2. La saine doctrine et des bonnes œuvres (2).
3. Instructions supplémentaires (3).

Contenu de Philémon:
1. Salutation et louange (1:1-7).
2. Intercession en faveur d'Onésime (1:8-21).
3. Salutations et bénédiction (1:22-25)

Qu'avons-nous Appris?

Paul a écrit des lettres aux églises qu'il a fondées dans différentes villes de l'empire dans le but d'enseigner la saine doctrine, sur la nature et l'organisation de l'église et aussi pour corriger les déviations, les comportements et les habitudes pécheurs parmi les hommes et les femmes chrétiens.

Tite: *Disciple grec chrétien de Paul (Tite 1:4) et aide dans son œuvre missionnaire. Durant le troisième voyage missionnaire, tâches assignées à Corinthe (1 Corinthiens 1-6 et 2 Corinthiens 2:13; 7:5-16). Plus tard, il l'a laissé dans Crète pour organiser des églises (Tite 1:4-5).*

Leçon 7 - Les Épîtres de Paul

Des Activités

INSTRUCTIONS:

1. Quel aspect de la vie et du ministère de l'apôtre Paul vous a touché?
   _____
   _____

2. Dans plusieurs de ses lettres, Paul enseigne que l'Église est le Corps du Christ. Comment expliqueriez-vous cette vérité en vos propres termes?
   _____
   _____
   _____
   _____

3. Comparez la situation dans l'église de Corinthe avec les églises chrétiennes dans votre contexte.
   _____
   _____
   _____
   _____

4. Dans plusieurs de ses lettres, Paul combat les doctrines tordues qui répandent les doutes et la confusion dans les chrétiens. Pouvez-vous citer quelques théologies trompeuses qui se sont répandues ces dernières années? Par exemple: théologie de la prospérité.
   _____
   _____
   _____
   _____

5. Selon les instructions de Paul à Tite et Timothée, quelle est la responsabilité des dirigeants des idées spirituelles pour combattre ces enseignements trompeurs et déroutants?
   _____
   _____
   _____
   _____

Leçon 8

LES ÉPÎTRES GÉNÉRALES ET APOCALYPSE

Les Objectifs

- Connaître l'enseignement des épîtres générales et l'Apocalypse.
- Évaluer son message pour notre temps.
- Décrire les aspects généraux de chaque livre.

Les Idées Principales

- Les épîtres générales ou universelles reçoivent ce nom, car ils n'ont pas de destinataire défini ou spécifique.
- Le livre de l'Apocalypse contient la révélation de Jésus le Christ à l'apôtre Jean sur la fin des temps et sa seconde venue.

Introduction

En plus des 13 lettres de Paul, le Nouveau Testament contient une série de lettres écrites par des autres apôtres. Ces lettres sont appelées épîtres générales ou universelles, car la plupart d'entre elles n'ont pas de destinataire clairement identifié.

A l'exception des lettres 2 et 3 de Jean, où les destinataires ne sont identifiés, les autres lettres sont adressées à toutes les églises et donc ses enseignements sont plus généraux. Par exemple: Jacques écrit "à douze tribus qui sont dans la dispersion" (Jacques 1:1), qui désigne les croyants partout. De même, 1 Pierre s'adresse "aux expatriés de la dispersion dans le Pont, la Galatie, la Cappadoce, l'Asie et la Bithynie, "c'est-à-dire toutes les églises de ces régions". C'est pourquoi les noms qui portent les épîtres générales est celle de leurs auteurs, plutôt que les noms des destinataires.

En général, on peut dire que Jacques et 1 Pierre mènent de questions liées à l'éthique chrétienne et appelle les croyants à une sainte marche avec le Sauveur.

La deuxième lettre de Pierre et Jude sont eschatologiques, elles mettent en garde les croyants sur l'enseignement des faux docteurs et les encourage à défendre la vérité de l'évangile. Hébreux et les épîtres de Jean sont principalement christologiques et éthique, appellent les chrétiens à demeurer en Christ, puisqu'il est la révélation finale de Dieu et l'accomplissement de l'alliance de l'Ancien Testament.

Éthique chrétienne: L'éthique en général est la science qui traite déterminer ce qui est bon et corriger tant au niveau personnel aussi bien que social. L'éthique chrétienne tente de fournir des conseils sur le bon et correct basé dans les enseignements et les valeurs enseignés dans la Bible.

Eschatologie: Le terme vient du grec et signifie "dernier événements". L'eschatologie chrétienne est une branche de la théologie qui étudie l'enseignement biblique sur la vie après la mort et les événements liés à la deuxième venue du Christ et l'établissement complet de son Royaume.

Aspects littéraires

Les épîtres générales contiennent une doctrine et un guide pour la vie chrétienne.

Les épîtres générales complètent l'enseignement des doctrines de Paul. Dans chacune d'elles les apôtres qui étaient avec le Seigneur durant son ministère, ils renforcent et élargissent les enseignements de Paul et ils se rapportent aux aspects pratiques de la vie chrétienne.

Le thème d'**Hébreux** est la doctrine du Christ, qui est supérieure au judaïsme par rapport à l'alliance, au souverain sacrificateur, au sacrifice et au tabernacle.

Auteur et date: La lettre est anonyme. Elle a été attribuée à Paul, à Barnabas, Luc et Apollos, entre autres. Elle a probablement été écrite entre les années 60 - 70 après JC, l'endroit où elle a été écrite est inconnu. Elle s'adressait à un groupe de Juifs chrétiens du premier siècle, qui envisageaient apparemment d'abandonner la foi chrétienne.

Objectif: La lettre a été écrite dans le but d'empêcher les Juifs chrétiens de retourner vers le judaïsme.

Le thème de l'épître de **Jacques** est la religion pratique, manifestée dans bonnes œuvres, contrairement à la seule déclaration de foi.

Auteur et date: Jacques l'apôtre qui fut l'un des guides de l'église de Jérusalem. Selon Josèphe, il a été tué sur ordre du Sanhédrin dans l'an 62 après JC. La date probable à laquelle il a écrit cette lettre se situe entre les années 40 et 50. Ap.JC., à Jérusalem.

Objectif: Jacques a écrit cette lettre pour exhorter les croyants de vivre dans l'obéissance à la vérité révélée en Jésus le Christ et démontrer leur foi pour vivre à travers leurs attitudes et leurs actions. Jacques prévient que le refus de changer leur caractère et leur comportement est un signe de foi morte.

1 Pierre: Le thème central de l'épître est la victoire sur la souffrance comme illustré dans la vie du Christ.

Auteur et date: L'Apôtre Pierre. Probablement entre les années 60 et 64 ap.JC., peut-être à Rome. Elle a été écrite pour les chrétiens dispersés en Asie Mineure. Il s'est probablement adressé à l'ensemble des chrétiens à cette région à cette époque à la fois Juifs et Païens.

Objectif: En écrivant cette lettre, Pierre a obéi à deux commandements spécifiques que Jésus lui avait donnés: donner encouragement et force aux frères et nourrir le troupeau de Dieu. Les croyants sont encouragés à rester fermes pendant la souffrance et sont exhortés à vivre dans la sainteté.

2 Pierre est un avertissement concernant les faux enseignants et un style de vie impie.

Auteur et date: L'apôtre Pierre entre 64-68 après JC, peut-être à Rome. La lettre s'adresse à un large cercle de chrétiens de l'église primitive.

Objectif: Dans cette deuxième lettre, Pierre parle de la menace des faux enseignants qui ont essayé de corrompre les croyants, à la fois en doctrine et en pratique.

1 Jean est un avertissement contre les faux enseignements et un appel à témoigner par la pratique de la piété en tant qu'expression visible de la foi.

Auteur et date: Écrite par Jean l'Apôtre vers l'an 95. Elle s'adressait à diverses communautés chrétiennes.

Objectif: Le but de cette épître est de montrer le caractère de Dieu et alerter les chrétiens sur les ennemis du Christ, qui ont enseigné de fausses doctrines.

2 Jean: Le thème est l'amour entre les chrétiens et la vraie foi en Jésus le Christ, face aux faux docteurs.

Auteur et date: Écrite par l'apôtre Jean probablement entre l'an 75 et 85. Il s'adresse à "la dame choisie et ses enfants", on pense qu'il s'agit symbolique de s'adresser à l'église.

Leçon 8 - Les Épîtres Générales et Apocalypse

Contenu d'Hébreux:
1. La supériorité de Jésus le Christ (1-4).
2. Le sacerdoce du Christ (5-10).
3. Fondements d'une vie meilleure (11-13).

Contenu de Jacques:
1. La vraie religion (1 et 2).
2. Le faux christianisme (3 et 4).
3. Enseignements finaux (5).

Contenu de 1 Pierre:
1. Salut glorieux (1:1-21).
2. La vie du croyant dans la lumière du grand salut (1:21-2:8).
3. Position et fonctions des croyants (2:9-3:13).
4. Instructions et encouragement sur la souffrance (3:14 - 4:19).
5. Dernières exhortations et avertissements (5).

Contenu de 2 Pierre
1. La vie spirituelle (1).
2. Les faux enseignants et leurs doctrines (2).
3. A propos du jour du Seigneur (3)

Christologique: Doctrine de l'Église chrétienne liée à la nature du Christ, comment être son existence éternelle, son incarnation, sa double nature divine humaine, sa divinité, son rôle dans le salut fourni par Dieu, entre autres.

Piété:
Du grec eusébeia qui signifie "ressemblance à Dieu". Indique une vie qui va au-delà d'une religion formelle ou morale chrétienne. "La miséricorde découle d'une union vitale avec le Dieu juste par la présence et formation du Saint-Esprit dans la vie chrétienne. Piété signifie une attitude droite envers Dieu et homme avec le comportement du bon chrétien". Quelques versions bibliques la traduisent comme "sainteté" (Dictionnaire théologique Balise 1995:525).

Contenu of 1 Jean:
1. L'Incarnation (1:1-10)
2. La vie du croyant (2:1-4:6)
3. L'amour et le triomphe de la justice (4:7-5:5)
4. La sécurité de la vie éternelle (5:6-21)

Contenu of 2 Jean:
1. Salutation (1-3)
2. Commandement de l'amour (4-6)
3. La foi dans le Christ (7-11)
4. Salutation finale (12-13)

Contenu of 3 Jean:
1. Salutation (1)
2. Félicitation à Gaius (2-8)
3. Les conduites contraires (9-12)
4. Salutation finale (13-15)

Contenu of Judas:
1. Salutation (1:1-2)
2. Condamnation des déloyaux (1:3-23)
3. Louange finale (1:24-25)

Objectif: Comme la lettre précédente, mettre en garde contre les faux enseignants et leurs doctrines et appellent à l'amour fraternel dans la communauté de foi.

3 Jean: Le thème est l'hospitalité envers les serviteurs de Dieu et le danger d'adopter une attitude tyrannique ou autoritaire comme celle de Diotrèphe.

Auteur et date: Ecrite aussi par Jean, la date est proche de deux lettres précédentes.

Objectif: C'est une lettre félicitant et encourageant un frère dans la foi pour continuer à être hospitalier envers ceux à qui d'autres ont rejeté. Elle avertit que ceux qui veulent pratiquer la saine doctrine devraient aussi pratiquer l'hospitalité chrétienne avec les frères en Christ.

La lettre de **Jude** aborde la question de la responsabilité du chrétien de se méfier du péché du monde et défendre la saine doctrine, contre les enseignements et pratiques pécheresses.

Auteur et date: L'auteur est connu sous le nom de Jude, serviteur de Jésus le Christ et frère de l'apôtre Jacques. Puisque Jacques était un frère dans le sang du Seigneur, il est implicite que Jude est aussi le fils de Marie mentionné dans Matthieu 13:55 et Marc 6:3. Une date exacte pour la lettre n'a pas été établie, mais ce serait après la chute de Jérusalem en 70 après JC.

Objectif: Mettre en garde contre les enseignants qui ont enseigné des hérésies ou enseignements erronés et encouragé les frères à rester fermes dans la foi.

Thèmes des épîtres générales

Hébreux	La supériorité du Christ
Jacques	Foi sans œuvres est mort
1 Pierre and 2 Pierre	Espérance en Jésus le Christ
1 Jean, 2 Jean et 3 Jean	Dieu est lumière et amour
Jude	Contre les faux enseignants
Apocalypse	La victoire finale en Christ

Le livre de l'Apocalypse

L'Apocalypse est le seul livre prophétique du Nouveau Testament.

Apocalypse est un mot d'origine grecque qui signifie "révéler, manifester ou découvrir" puisqu'il contient les visions que Jean a reçues de Jésus le Christ. Apocalypse appartient au genre de la littérature prophétique apocalyptique caractérisé par la description de l'histoire d'une manière symbolique. L'Apocalypse de Jean est chrétienne mais reprend de nombreux symboles de l'apocalypse trouvés dans les livres de Daniel, Zacharie et Ézéchiel.

Dans l'Ancien Testament, la littérature apocalyptique encourage Israël en temps de crise nationale, élevant son espoir de triomphe messianique sur ses ennemis. Ainsi, Ézéchiel, par exemple, a écrit pendant le siège et la chute du

Royaume du Sud. Les images et le symbolisme apocalyptiques représentent une réalité objective au-delà des images. La littérature apocalyptique de l'Ancien et du Nouveau Testament fournit une philosophie de l'histoire décrivant symboliquement la lutte continue entre le bien et le mal, aussi longtemps que le monde dure, avec l'assurance que, bien que le mal soit en hausse, Dieu et son peuple triompheront à la fin.

Les visions de l'Apocalypse sont symboliques et liées à la manière d'un grand drame qui se déroule en plusieurs actes et qui a pour mettre en scène l'univers entier et comme protagonistes le Dieu trinitaire, Satan, l'Église et les ennemis de l'Église. Les événements futurs sont décrits dans lesquels le dessein salutaire de Dieu pour l'humanité triomphe des forces de mal. Le livre va jusqu'au bout de l'histoire et même au-delà.

Dans l'effort de comprendre le livre, différentes écoles ont émergé d'interprétation qui tente d'en expliquer le sens. Pour le grand usage que Jean fait des images et des symboles l'interprétation devient difficile. En voici trois façons de comprendre le livre:

a. L'interprétation prétérite comprend que le livre raconte des événements du temps de Jean, de sorte qu'ils ne le relient pas à notre temps présent ou futur. Ils prétendent que Jean décrit les persécutions souffert par les chrétiens aux mains de certains des empereurs romains et que le livre a été écrit spécifiquement pour réconforter l'église qui était persécutée pendant cette période.

b. L'interprétation futuriste souligne que la majeure partie du livre a que faire de l'avenir et que les choses qui y sont décrites vont se produire avant la seconde venue du Christ.

c. L'interprétation historique considère que le but du livre est de montrer un aperçu de l'époque de l'histoire de l'église, les jours de Jean jusqu'à la fin. Le livre propose une série d'étapes par lesquelles passer l'église jusqu'à la victoire finale.

Auteur et date: Le livre a été écrit par Jean, l'apôtre, qui est présenté à lui-même comme prophète. Il y a deux dates possibles pour le livre. Un autour de l'an 65 de notre ère, à l'époque de la persécution des chrétiens par Néron. L'autre vers 95 après JC., pendant la persécution de Domitien. Il a été écrit sur l'île de Patmos, où Jean avait été déporté. Le livre s'adresse aux églises de l'Asie Mineure occidentale, dès le premier siècle, mais son message est pour l'église en tous lieux et à tout moment.

Le but du livre est de réconforter et d'encourager les chrétiens au milieu des persécutions présentes et futures les assurant du triomphe final du Christ et ses partisans. Avertir les églises de la négligence dans la doctrine ou expérience de la sainteté. C'est le seul livre prophétique du Nouveau Testament, bien que dans d'autres, il a fait référence à la seconde venue du Seigneur et à la fin de temps.

Les thèmes de l'Apocalypse sont: le jour du Seigneur, le jour du jugement, le châtiment pour les ennemis de Dieu et de son peuple, salut et récompense pour ceux qui sont fidèles. Elle culmine avec l'annonce de la restauration de la ville de Dieu (la Jérusalem céleste), la récréation et la restauration de la terre remplie du royaume de Jésus le Christ et de son peuple saint.

Leçon 8 - Les Épîtres Générales et Apocalypse

Hérésie:
Un sujet de division ou de secte à sa propre direction, qui enseigne les écarts par rapport à la foi originelle.

Diotrèphe:
Ce n'est pas connu avec certitude s'il était membre de l'église d'Asie Mineure ou un évêque qui a abusé de son autorité. Il a refusé de se soumettre à toute autorité qui ne serait la sienne. Il a fait des commérages contre l'apôtre Jean avec des paroles maléfiques. Il a rejeté et même expulsé de l'église ceux que Jean a envoyés à lui parler et le conseiller (3 Jean 9-10).

Crédo:
Brève déclaration que résument les croyances de l'église chrétienne et qui a été officiellement reconnu.

Plan du livre de l'Apocalypse

1. Prologue, 1:1-8
2. Première vision, 1:9-3:22
   - 7 lettres aux églises
3. Deuxième vision, 4:1-16:21
   - 7 sceaux (6:1-8:1)
   - 7 trompettes (8:2-14:20)
   - 7 visions du dragon et de son royaume (12:1-13:18)
   - 7 tasses de colère (15:1-16:21)
4. Troisième vision, 17:1-21:8
   - 7 visions de la chute de Babylone (17:1-19:10)
   - 7 visions de la fin (19:11-21:8)
5. Quatrième vision, 21:9-22:5
6. Épilogue, 22:6-21

> **Gayirus :** *Chrétien ancien à qui Jean dirige sa troisième lettre, c'est peut-être le même qui était partenaire de Paul lors de son voyage à Éphèse (Actes 19:29).*
>
> **Asie Mineure :** *Région nommée de cette manière par les Grecs, qui englobait un grand nombre d'états. Sa capitale ou ville principale était Éphèse. Actuellement Turquie.*
>
> **Visions de Jean :** *Les visions que Jean rapporte dans le livre de l'Apocalypse n'est pas un simple pressentiment, quelque chose qu'une personne suppose ou à l'intuition de ce qui va arriver. La vision prophétique est un moyen par lequel Dieu révèle sa volonté au prophète. La vision ne peut jamais continuer contre l'enseignement de la Parole (Actes 7:38, Romains 3:2). A la vision que Dieu permet au prophète "voit" ce que les autres ne voient pas, par rapport à certains événements que se passera-t-il dans le futur (semblable à la façon dont nous voyons aujourd'hui une projection dans un écran).*

TABLEAU COMPARATIF ENTRE PROPHÈTES ET APOCALYPTIQUES

Thème	Prophète	Apocalypse
1. Révélation du message	Ils reçoivent le message principalement à travers la parole intérieure; des ordres et les divulgations qui doivent communiquer, visions pour eux, ils occupent une deuxième place.	Ils reçoivent les révélations des mystères presque exclusivement pour des visions extatiques ou en rêves.
2. Destinataire	Les gens rebelles.	Des gens fidèles.
3. Objectif	Ils essaient de réformer le pécheur. Ils recherchent que le peuple se repente.	Ils essaient de soulever l'espérance dans l'intervention eschatologique de Dieu dans l'histoire humaine.
4. Message	– Promesse de destruction et châtiment des rebelles. – Évangélique : Salut pour le Messie à venir. – Ils ont vu la main de Dieu dans l'histoire et sa fin. – Récompenser ceux qui ont accepté le Messie.	– Ils décrivent la destruction des méchants. – Ils décrivent le triomphe final du Christ dans l'histoire.

DIFFÉRENCE ENTRE LA GENÈSE ET L'APOCALYPSE

GENÈSE	HISTOIRE DU SALUT	APOCALYPSE
Commencement	Péché, séparation	Fin
Paradis perdu	Formation du peuple de Dieu	Paradis retrouvé
Création	Jésus le Christ nous réconcilie avec Dieu	Nouvelle création
Premier homme dans le péché	Le Saint-Esprit vient à habiter dans les enfants de Dieu et leur apprend à vivre dans la sainteté	L'homme racheté de péché
Principe de malédiction	L'église, la première de la nouvelle création	Fin de la malédiction du péché
Promesse de rédemption	L'évangile est prêché à chaque créature	Rachat accompli
La rentrée de Satan (Satan lâche)	Le mal augmente	Jugement de Satan (Satan lié)
Le mariage du premier Adam	L'église fait des disciples dans toutes les nations	Le mariage du deuxième Adam
Premières larmes		Toutes les larmes sont essuyées
Communion interrompue		Communion restaurée
Dieu: Souverain Créateur		Dieu: Gouverneur souverain

Île de Patmos: *Endroit rocheux et sans arbres. À cet endroit, Jean est allé banni pendant la persécution de l'empereur Domitien en 95 après JC. C. Là, Jean a eu des visions du livre de l'Apocalypse.*

Jean: *Fils de Zébédée et de Salomé, frère de Jacques le disciple. Disciple du Christ, aussi appelé le disciple bien-aimé, était qui a écrit l'évangile de Jean et le livre de Apocalypse.*

QU'AVONS-NOUS APPRIS?

Les épîtres générales portent le nom de leurs auteurs et ils contiennent des enseignements doctrinaux et des conseils pour la vie chrétienne. Le livre de l'Apocalypse est la dernière prophétie de la Bible dans laquelle Jésus le Christ révèle à son Église les événements qui conduiront au triomphe final, où les plans salutaires de Dieu pour son peuple, l'établissement du gouvernement du Christ et la recréation de toutes choses à leur perfection originelle seront concrétisés.

Domitien: *Empereur romain entre 81 et 96, après JC., qui se caractérise par plusieurs atrocités en particulier pour mener une poursuite cruelle contre les chrétiens de cette époque.*

Leçon 8 - Les Épîtres Générales et Apocalypse

Des Activités

INSTRUCTIONS:

1. Que signifient les épîtres générales?
   _____
   _____
   _____

2. La lettre de Jacques souligne que la foi sans les œuvres est morte. Après avoir lu 1:19-27, répondez: Est-ce que je prouve par mes actions que ma foi est vivante?
   _____
   _____
   _____
   _____

3. Quelle est l'importance de l'étude du livre de l'Apocalypse pour l'église à notre époque?
   _____
   _____
   _____
   _____

4. Formez 7 groupes. Chaque groupe fera une étude d'une des lettres du Christ aux églises dans l'Apocalypse 2 et 3. (S'il n'y a pas assez d'élèves, formez 3 ou 4 groupes et chacun prend deux ou trois églises).

   Chaque groupe doit remplir leur partie du tableau ci-dessous, puis les partager avec le reste de la classe.

Église	Titre symbolique du Christ	Qualités qui se louent	Critique pour les défauts	Mots de promesse	Enseignement pour mon église
EPHÈSE					
SMYRNE					
PERGAME					
TIATIRE					
SARDE					
PHILADELPHIE					
LAODICÉE					

Bibliographie

Books:

Alexander, David (comp). *Manual Bíblico Ilustrado (Manuel biblique illustré)*. Miami, Florida: Caraïbes. 1 édition, 1981.

Boyd, Frank. *La Biblia a su Alcance*. Tomos 3, 4, 5, 6, 7, 8 (*La Bible à portée de main*. Volumes 3, 4, 5, 6, 7, 8). Miami, Florida: Editorial Vida, 1972.

Clyde T. Francisco. *Introducción al Antiguo Testamento (Introduction à l'Ancien Testament)*. El Paso, Texas. C. B. P., 1968.

Dana, H. E. *El mundo del Nuevo Testamento (Le Monde du Nouveau Testament)*. El Paso, Texas: C. B. P., 1970.

De Ausejo, Serafín. *Diccionario de la Biblia (Dictionnaire de la Bible)*. Barcelona: Herder, 1970.

Earle, Ralph. *Cómo nos llegó la Biblia (Comment la Bible nous est parvenue)*. Kansas City: C. N. P., 1975.

Earle, Ralph. *Explorando el Nuevo Testamento (Explorer le Nouveau Testament)*. Kansas City: C. N. P., 1978.

Escobar, J.S. Padilla C.R., Yamauchi E.M. *¿Quién es Cristo hoy? (Qui est le Christ aujourd'hui ?)*. Buenos Aires: Certeza. 1970.

Ellisen, Stanley A. *Hacia el conocimiento del Antiguo Testamento (Vers la connaissance de l'Ancien Testament)*. États-Unis: Vida, 1990.

Evans, William. *Esquema didáctico para el estudio de la Biblia (Schéma didactique pour l'étude de la Bible)*. Barcelona: CLIE, 1990.

Francisco Clyde T. *Introducción al Antiguo Testamento (Introduction à l'Ancien Testament)*. El Paso: C. B. P., 1964.

Franco, Sergio. *Aproximación al Estudio de la Biblia (Approche de l'étude de la Bible)*. Kansas, City: C. N. P., 1989.

Halley, H. *Compendio Manual de la Biblia (Manuel Compendium de la Bible)*. États-Unis: Moody, 1971.

Harrison, Everett. *Introducción al Nuevo Testamento (Introduction au Nouveau Testament)*. Grand Rapids, Michigan: Libros Desafío, 1980.

Hester, H. I. *Introducción al Nuevo Testamento (Introduction au Nouveau Testament)*. El Paso: C. B. P., 1963.

Hoff, Pablo. *El Pentateuco (Le Pentateuque)*. Deerfield, Florida: Vida, 1978.

_____ *Libros históricos (Livres historiques)*. Deerfield, Florida: Vida, s/f.

Lasor, William Sanford (et.al.). *Panorama del Antiguo Testamento (Panorama de l'Ancien Testament)*. Buenos Aires: Nueva Creación, 1995.

Lockward, Alfonso (Ed.). *Nuevo Diccionario de la Biblia (Nouveau Dictionnaire de la Bible)*. Miami: Unilit, 1992.

Mears, Henrietta. *Lo que nos dice el Nuevo Testamento (Ce que nous dit le Nouveau Testament)*. Miami, Florida:Vida, 1979

Packer, James. *La vida diaria en los tiempos bíblicos (La vie quotidienne aux temps bibliques)*. Miami: Florida:Vida, 1982

Pearlman, Myer. *A Través de la Biblia Libro por Libro (À travers la Bible livre par livre)*. Miami, Florida:Vida, 1952.

Pietrantonio, Ricardo. *Itinerario Bíblico.Vol 1 (Itinéraire Biblique, Vol 1)*. Buenos Aires: La Aurora, 1985.

Purkiser, W.T. *Explorando el Antiguo Testamento (À la découverte de l'Ancien Testament)*. Kansas City: C. N. P., 1986.

Rand, W. *El Diccionario de la Santa Biblia (Le Dictionnaire de la Sainte Bible)*. San José, Costa Rica: Caribe, s/f. 76

Sánchez, Edesio. *¿Qué es la Biblia? (Qu'est-ce que la Bible)*. Buenos Aires: Kairós, 2003.

Sánchez, Edesio (Ed). *Descubre la Biblia (Découvrez la Bible)*. Sociétés bibliques unies des États-Unis, 1998.

Taylor, Richard S. (Ed.) *Diccionario Teológico (Dictionnaire théologique de balise)*. Beacon. Kansas City: C.N.P., 1995.

Tenney, Merrill. *Nuestro Nuevo Testamento (Notre Nouveau Testament)*. Grand Rapids, Michigan: Portavoz, 1973.

Trenchard, Ernesto. *Introducción al estudio de los cuatro evangelios (Introduction à l'étude des quatre évangiles)*. Angleterre : Littérature biblique, s.f.

Ugalde, Carlos. *Introducción al Antiguo Testamento (Introduction à l'Ancien Testament)*. Matériel inédit.

_____ *Introducción al Nuevo Testamento (Introduction au Nouveau Testament)*. Matériel inédit

Vine, W.E. *Diccionario Expositivo de palabras del Antiguo y Nuevo Testamento exhaustivo de Vine (Le dictionnaire explicatif complet des mots de l'Ancien et du Nouveau Testament)*. Nasville, Tennessee: Groupe Nelson, 2007.

Yates, Kyle M. *Los profetas del Antiguo Testamento (Les prophètes de l'Ancien Testament)*. El Paso, Texas: C. B. P., 4ta. edición, 1981.

Web Pages:

Varetto, Juan C. La Biblia del oso. Sociedades Bíblicas Unidas (La Bible de l'ours. Sociétés bibliques unies). Extrait le 20 avril 2010 de http://labibliaweb.com/la-biblia-del-oso.

Évaluation finale

COURS: LA BIBLE ET SON MESSAGE

Nom de l'étudiant/e: _____

Église ou centre où vous avez étudié: _____

District: _____

Enseignant/e du cours: _____

Date de cette évaluation: _____

1. Expliquez dans vos mots comment ce cours vous a aidé à valoriser notre Bible.

_____
_____
_____
_____

2. Mentionnez un sujet du cours ou de la leçon qui vous a été nouveau et utile. Expliquer pourquoi.

_____
_____
_____
_____

3. Expliquez comment ce cours vous a aidé à mieux comprendre le contenu de la Bible.

_____
_____
_____
_____

4. Qu'avez-vous appris dans la pratique ministérielle du cours?

_____
_____
_____
_____

5. À votre avis, comment ce cours pourrait-il être amélioré?

_____
_____
_____
_____

www.ingramcontent.com/pod-product-compliance
Lightning Source LLC
Chambersburg PA
CBHW081019040426
42444CB00014B/3271